A economia política do etanol

A democratização da agroenergia e o impacto na mudança do modelo econômico

A economia política do etanol

A democratização da agroenergia e o impacto
na mudança do modelo econômico

Fernando Netto Safatle

Copyright© 2011 Fernando Netto Safatle

Publishers: Joana Monteleone/ Haroldo Ceravolo Sereza/ Roberto Cosso
Edição: Joana Monteleone
Editor assistente: Vitor Rodrigo Donofrio Arruda
Revisão: Maria da Glória Galante de Carvalho
Assistente editorial: Patrícia Jatobá U. de Oliveira
Projeto gráfico, capa e diagramação: Patrícia Jatobá U. de Oliveira

CIP-BRASIL. CATALOGAÇÃO-NA-FONTE
SINDICATO NACIONAL DOS EDITORES DE LIVROS, RJ

M138y

Safatle, Fernando Netto
A ECONOMIA POLÍTICA DO ETANOL: A DEMOCRATIZAÇÃO DA AGROENERGIA E O
IMPACTO NA MUDANÇA DO MODELO ECONÔMICO
Fernando Netto Safatle
São Paulo: Alameda, 2011.
296p.

Inclui bibliografia
ISBN 978-85-7939-046-3

1. Agricultura e energia – Brasil. 2. Álcool com combustível – Brasil. 3. Política energética – Brasil. 4. Economia agrícola – Brasil. 5. Desenvolvimento sustentável – Brasil. I. Título.

10-3346.   CDD: 333.95390981
                                  CDU: 330.524:502.21(81)

ALAMEDA CASA EDITORIAL
Rua Conselheiro Ramalho, 694, Bela Vista
São Paulo - SP – CEP 01325-000
Tel. (11) 3012-2400
www.alamedaeditorial.com.br

Para Maria Licia, minha mãe, Vladimir, Leonel, Leandro e Fernanda, meus filhos que, cada um a seu modo, não perderam a perspectiva histórica de buscar um mundo melhor. Gostaria também de agradecer a Milton Barbosa, Lenine Bueno, Naim Safatle e a Marcos de Almeida que me incentivaram a aprofundar nos estudos e escrever sobre esse tema. Assim como quero expressar uma imensa gratidão às contribuições de Bautista Vidal. Além de ser referência indiscutível para o que se fez no nosso País sobre o biocombustível, Bautista Vidal norteou meu trabalho devido ao seu posicionamento político e sua visão estratégica sobre que representa a bioenergia na geopolítica no mundo.

Sumário

Apresentação – O sheik dos trópicos 9

O protocolo de Kyoto e o novo paradigma da matriz energética 19

Uma alternativa para o fim da era do petróleo 33

Trinta anos de Proalcool: avanços e recuos 61

A concentração regional da produção do etanol 89

A projeção das exportações de etanol 107

O capitalismo monopolista e o programa do etanol 121

Um sistema de dupla face: oligopólio e oligopsônio 135

O carro flex e a soberania do consumidor 155

O decreto de Geisel: um programa do etanol excludente 165

As microdestilarias e a democratização do programa do etanol 173

Desafios do novo modelo: controle de qualidade e tributação 197

Impactos macroeconômicos do programa 213
de expansão das microdestilarias

A desconcentração da produção do etanol e o desenvolvimento 233
local e regional mais equilibrado

Conclusão – A mudança no mapa da geopolítica no mundo 243

Anexos 259

Referências bibliográficas 291

APRESENTAÇÃO

O SHEIK DOS TRÓPICOS

Ninguém questiona mais a imanente crise ambiental que o mundo atravessa. Quanto a isso, há consenso no mundo científico. A controvérsia existente é quanto à dimensão da catástrofe e do seu devir. Alguns dão uma conotação mais catastrofista, enquanto outros procuram minimizar os efeitos do aquecimento global sobre a vida no planeta. Há, ainda, os que se apropriam da crise ambiental de forma reducionista, retirando-lhe o seu caráter sistêmico. Abordagens estruturais e globais dão lugar a iniciativas de caráter individual. São comuns ações políticas que visam promover uma tomada individual de consciência, como se o ato solitário de plantar uma árvore ou simplesmente reciclar o lixo pudesse ser a panaceia no conserto de fenômenos de degradação ambiental produzidos por um sistema econômico de produção. Trata-se de passar ao largo da essência dos problemas, transformando-os em questões pontuais e isoladas.

O paradoxo da crise ambiental se materializa exatamente nessa contradição entre o nível de gravidade e as frustrantes conferências de cúpulas entre os países desenvolvidos que definem metas e objetivos pouco ambiciosos de controle das emissões de gases de carbono, metas incapazes de reverter à

FERNANDO NETTO SAFATLE

dramática situação atual. A questão ambiental apresenta-se, hoje, como fronteira de luta contra um sistema de produção que se tornou insustentável a médio e longo prazo, pois destrói, degrada e promove mudanças climáticas irreversíveis com consequências perversas no habitat. O que nos traz a necessidade de buscar novas opções de modo de vida.

Foi com o objetivo de pensar tais alternativas que comecei a pesquisar o modo de produção da grande usina canavieira, suas contradições e distorções, isto a fim de buscar formas de produção que pudessem gerar um desenvolvimento sustentável. Esse potencial fantástico de produção da agroenergia despertou-me o interesse pelo *programa do etanol*. Há cerca de sete anos venho escrevendo sobre esse tema em jornais de Goiânia e Brasília. Ao publicar um artigo na revista *Adiante*, da Fundação Getúlio Vargas,[1] expus uma série de argumentos sobre *mudança na matriz energética com a intenção de* promover uma discussão sobre alternativas de modelo econômico. Insisti que o advento da energia renovável, limpa e os novos paradigmas da matriz energética deve estar relacionado à possibilidade de mudar o processo atual de produção do etanol, democratizando e desconcentrando a sua produção.

As normas engessadas de comercialização conduziram o segmento sucroalcooleiro a um avançado processo de oligopolização.

---

1   Uma proposta para descentralizar o Programa do Etanol, *Adiante*, Para a sustentabilidade, FGV, nº 1 (jan. 2006); Geração de até 40 mil novos empregos, *Diário da Manhã* (entrevista), 20 jul. 2003; Perspectivas com o Gol Flex, *Jornal de Brasília*, 29 ago. 2003; O etanol e a agenda positiva, *Jornal de Brasília*, 12 mar. 2004; Etanol pode ser mais barato, *Diário da Manhã* (entrevista), 25 fev. 2006.

A ECONOMIA POLÍTICA DO ETANOL

A Petrobrás ainda aparece como resistente às mudanças na política de comercialização do etanol e, por conseguinte, como obstáculo à democratização de sua produção. Isso porque, tem seu foco principal na produção de petróleo e, depois, as distribuidoras de petróleo, como um todo, obtêm ganhos financeiros com a intermediação e comercialização do etanol. Tal concentração impediu até hoje uma visão estratégica de uma política energética mais abrangente onde se pudesse avançar e a expandir um programa nos quais os assentados da reforma agrária, os pequenos e médios produtores também pudessem ser contemplados.

Não se trata, com isto, de contrapor um programa de produção sustentado na produção das microdestilarias e na pequena produção cooperativada versus um programa do etanol implementado na grande produção, por mais que esta tenha enredado em uma estrutura de mercado oligopolizada. Ao contrário, a expansão de um programa de micro destilarias não se contrapõe à produção das grandes usinas de etanol, ele o complementa e dá sustentabilidade ao suprimento dos mercados interno e externo, corrigindo os problemas ambientais e sociais decorrentes do modelo atual de produção.

O que procuro analisar nesta *A Economia política do etanol* são os elementos característicos do processo de produção e sua distribuição, envolvendo assim toda a cadeia produtiva do segmento sucroalcooleiro. Não se trata de uma análise puramente econômica carregada de cálculos econométricos. Mais do que isso, procuro resgatar a veia da tradição dos economistas que trataram os problemas da economia dentro do invólucro da economia política, procurando fazer uma reflexão sobre os impactos de um segmento importante da economia nacional no processo de produção e na distribuição da riqueza.

Como deverá ficar claro neste livro, as escolhas da organização da produção e desenvolvimento do segmento sucroalcooleiro foram eminentemente políticas. O segmento do etanol caminhou célere para uma estrutura de mercado oligopolizada devido a uma decisão política. Nesse sentido, uma política capaz de reverter esse processo é possível. Inserir o segmento sucroalcooleiro nas teias da economia, analisar seus impactos macroeconômicos na distribuição da renda, do emprego, do desenvolvimento regional e do meio ambiente significa retomar a tradição legada pelos economistas das escolas de pensamento econômico que buscaram fundamentar suas análises no desenvolvimento das relações sociais de produção e os modos de produção em cada momento histórico, com todas as contradições inerentes à dinâmica do sistema capitalista.

Passado os efeitos mais dilacerantes da aguda crise do capitalismo internacional e em um momento que a economia brasileira indica estar pronta para retomar uma nova fase de expansão e crescimento, devemos recuperar aquilo que procuram calar com o selo do passado. A tradição desenvolvimentista já demonstrou ter uma abordagem mais abrangente e as melhores respostas para velhos problemas que ainda estão presentes no nosso cotidiano. A atual crise do capitalismo financeiro a nível mundial ensinou mais uma vez uma surrada lição: as forças de mercado não atuam de modo perfeito na busca do equilíbrio, ao contrario, são fatores inerentes de desestabilização e de crises no sistema capitalista.

A ECONOMIA POLÍTICA DO ETANOL

Ao longo dos anos, o que se percebe é que a forte onda liberal presente na política brasileira fez com que os sucessivos governos deixassem de lado a prática salutar de trabalhar a economia segundo uma concepção estrutural, intervindo nos componentes que contribuem para modificar de forma benéfica aspectos como: a redução de custos, a racionalização da produção, a redução das disparidades regionais e desigualdades de renda. Tal onda trouxe consigo um método de abordagem que inibe a otimização no manejo da constelação dos fatores de produção com seu efeito de irradiação benéfico e virtuoso na totalidade do processo econômico. As forças de mercado se impuseram de forma vigorosa, impedindo qualquer alternativa de política econômica que fugisse dos cânones da ortodoxia monetarista. Um dos exemplos mais candentes é o programa do etanol. Como os outros segmentos econômicos ele também traz em seu bojo as distorções inerentes do processo de concentração e centralização do capital que vicejam na economia como um todo. Entretanto, pelo seu peso e relevância estratégica como fonte de energia renovável, ele precisa ser modificado com um choque democratizante que quebre a sua estrutura monopólica e provoque um verdadeira revolução por dentro na economia brasileira. Nada disso constitui em delírio de esquerdista romântico que ainda sonha com a revolução nos trópicos. Alguns avanços puderam ser obtidos até mesmo nos EUA através da Lei Shermam antitruste. Nos albores do fortalecimento do capitalismo americano, Theodoro Roosevelt, desmantelou o truste do petróleo forjado pelo todo poderoso magnata John D, Rockeffeller. A Lei antitruste daquela época se propunha a restabelecer a competição e controle dos abusos e desmandos do poder econômico e político dos trustes – a Standar Oil era o mais forte entre elas. Daniel Yergin relata com muita clareza e informação em seu livro, *O Petróleo-uma historia mundial de conquistas*, poder e dinheiro, a constituição dos trustes do petróleo capitaneado por Rockeffeller. Nesse sentido, procuro ir além da análise e evolução desse segmento, dando um tratamento também propositivo ao tema. Por exemplo: se modificasse a legislação que proíbe os postos de combustível de adquirirem o etanol diretamente dos produtores rurais, qual seria a capacidade de irradiação de seus efeitos multiplicadores na economia brasileira? Mediante um programa que incentivasse a implementação de um milhão de micro destilarias (com custo estimado de 30 bilhões de reais, ou seja, 15% do que o governo atual propõe como investimento em infra-estrutura através do Programa de Aceleração do Crescimento), qual seria o impacto macroeconômico gerado? Como e quanto isso poderia repercutir no crescimento do PIB? Os cálculos econométricos realizados demonstram que os impactos macroeconômicos provocados pela implantação de um programa de um milhão de micro destilarias seriam extremamente significativos na economia brasileira: produziria um incremento anual de 3,7% no PIB, se implementado durante um período de dez anos. Qual seria o impacto sobre as economias locais e o desenvolvimento regional se um programa dessa envergadura pudesse ser implantado?

Por outro lado, procuro também analisar a dinâmica da produção de etanol, desde a crise do petróleo até os dias de hoje. Trata-se de esclarecer como se deu o processo de crescimento da produção, quais os seus desdobramentos e consequências no padrão de

A ECONOMIA POLÍTICA DO ETANOL

distribuição da renda e na concentração do desenvolvimento regional. Afinal, *por que o mais lucrativo negócio da agricultura brasileira alijou o pequeno e o médio produtor rural?* Quais as consequências de uma estrutura de mercado oligopolizada na definição dos preços dos combustíveis e como isso se reflete no dia-a-dia do consumidor brasileiro? Por que o governo nunca ganha a queda de braço com os usineiros? A disponibilidade de terras agricultáveis permite o avanço da agro energia sem comprometer a produção de alimentos? E ainda: como a expansão de um programa de micro destilarias poderia remanejar, de forma sustentável do ponto de vista ambiental e com inclusão social, o uso das terras subutilizadas?

Enfim, trata-se ainda de mostrar como o país pode realmente aproveitar as oportunidades que se oferecem no mercado internacional e aumentar as exportações de etanol, ocupando assim um papel relevante no mapa da geopolítica do mundo. A pressão gerada pelos países signatários da adesão dos termos do Protocolo de Kyoto, que estabelece percentuais de redução da emissão de gás carbônico, é uma, oportunidade aberta para o país.

Seguramente, a agro energia, sobretudo, a produção do etanol a partir da cana-de-açúcar, constitui hoje o segmento econômico com maior capacidade de gerar, a um só tempo, uma multiplicidade de impactos virtuosos, disseminando seus efeitos multiplicadores na cadeia produtiva. A variedade de benefícios é enorme, a começar por colocar o país na vanguarda do processo de geração de energia alternativa em âmbito mundial, modificando a geopolítica dos detentores atuais de energia fóssil. A autosuficiência na produção de petróleo somente foi possível atingir com o crescimento do *programa do etanol*, ao diminuir o consumo

15

FERNANDO NETTO SAFATLE

interno de petróleo. A contabilidade do balanço de pagamentos no período de 1979 a 2000 demonstra que houve uma economia de U$ 43,5 bilhões com a redução das importações de petróleo.[2] Quanto mais se avançar na produção do etanol e aumentar seu consumo em relação aos derivados do petróleo, tanto mais vamos estender seu horizonte temporal, esticando a vida média de nossas reservas de petróleo. As novas descobertas na Bacia de Santos, advindas da camada do pré-sal dobra nossas atuais reservas, dos atuais 14 bilhões de barris para cerca de 28 bilhões de barris, reforçando sobremodo nossa posição no cenário mundial, agora, como produtor importante de energia renovável e de petróleo.

Ignacy Sachs, professor do Centro de Pesquisas sobre o Brasil Contemporâneo na École des Hautes Études en Sciences Sociales, em entrevista na revista *Adiante*,[3] afirma que o Brasil reúne as condições de criar uma civilização moderna de biomassa capaz de definir um novo ciclo de desenvolvimento rural, intensivo em emprego no campo, e que sirva de paradigma para outros países. "Encontrar um futuro descente para dois milhões de agricultores familiares é o problema social mais importante do mundo", afirma Sachs.

O geólogo Marcelo Guimarães, que produziu o etanol através de micro destilaria, observava muito bem que o etanol não é apenas combustível, mas também substitui o petróleo como opção alcoolquímica, pois a partir dele pode-se produzir os mesmos derivados do petróleo, como borracha, plástico, adubos nitrogenados,

---

2   *Revista Política Agrícola*, ano xv, nº 3 (jul.-ago.-set. 2006).

3   *Adiante*, FGV, nº 0 (dez. 2005).

A ECONOMIA POLÍTICA DO ETANOL

etc.[4] Por outro lado, o Brasil destacou-se como pioneiro na produção de etanol como combustível por deter tecnologia e condições vantajosas de clima, água e solo disponível para a agricultura. Nessa guerra para deter a posse de uma fonte estratégica de energia, a potência hegemônica já percebeu que não pode mais ficar a reboque. O alerta foi dado: eles não querem mais ficar atrelados ao petróleo, combustível fóssil, poluente e finito. Com o fim da era do petróleo, não vão deixar que o mapa da geopolítica se modifique sem que tenham uma participação decisiva, ainda mais quando essas mudanças se inclinam favoravelmente em direção a países emergentes como o Brasil. Os subsídios, tarifas e sobretaxas que ainda incidem sobre o etanol, especialmente nos Estados Unidos e na União Europeia, não constituem apenas práticas protecionistas de mercado, mas também políticas que visam conter a expansão da produção nos países emergentes, não deixando que avancem em demasia no domínio de um produto extremamente estratégico, que inevitavelmente mudaria a geopolítica no mundo.

Certamente, no teatro de operações dessa guerra que se desenham, os países desenvolvidos mais dependentes do fornecimento de energia, como o Japão, a China e os países da União Europeia, vão querer garantir sua participação no suprimento de etanol, procurando fazer associações e *joinventures* para produzir onde as condições são mais vantajosas. George Soros, o megainvestidor, já adquiriu uma usina-piloto de etanol em Alfenas, Minas Gerais. Seu projeto é investir mais de

---

4   Minas, a salvação da lavoura. Entrevista com Marcelo Guimarães, *Caros Amigos*, ano VI, nº 71, fev. 2003.

17

US$ 200 milhões em uma usina em Mato Grosso, voltada para a exportação, conforme noticiou a revista *Isto É* de abril de 2006. Assim como ele, vários outros investidores estrangeiros estão procurando terras e usinas para investir e garantir uma produção de etanol que abasteça o mercado internacional.

É interessante ainda observar que a elite brasileira, tão ciosa no resguardo e na defesa dos princípios da livre concorrência, que lutou bravamente para desregulamentar outros setores da economia, até hoje não percebeu, ou simplesmente não quis perceber, que a democratização da produção do etanol impulsionaria o país a ganhar uma posição de proeminência na geopolítica internacional por inserir um segmento com capacidade de produção de energia de modo social e ambientalmente sustentável e com repercussão na configuração de um novo padrão de distribuição de renda e de desenvolvimento regional.

Por último, com todos os desvios, erros e tentativas já cometidos em nosso país na área de política econômica, firmam-se cada vez mais a crença, repetida *ad nauseam* por Celso Furtado, de que no caso do Brasil, que mantém grande disponibilidade de solos aráveis subtilizados e acentuada heterogeneidade social, o caminho mais curto para o desenvolvimento continuará a ser por muito tempo o dinamismo do mercado interno Com certeza, nesse sentido, a democratização da agroenergia constituiria um papel fundamental na ampliação do mercado interno na economia brasileira.[5]

---

5   Celso Furtado, *Raízes do subdesenvolvimento.*

O PROTOCOLO DE KYOTO E O NOVO PARADIGMA NA MATRIZ ENERGÉTICA

O impacto que o crescimento econômico desordenado tem causado no meio ambiente, provocando efeitos devastadores na natureza, conseguiu fazer que o alerta dos ambientalistas se fizesse sentir na realidade concreta das pessoas. Como se não bastasse as constantes e contundentes denúncias que os ambientalistas têm feito sobre o crescimento predatório e suas consequências – diminuição da camada de ozônio, aquecimento global, chuva ácida e mais uma série de fenômenos desastrosos para a humanidade –, o mundo vem sendo marcado por um número elevado de catástrofes ambientais, num prenúncio do que poderá vir a ocorrer de forma mais dramática se não tomarmos providências urgentes em relação à questão do meio ambiente e à obsessão pelo crescimento econômico a qualquer preço. Em 2005 e 2006, os Estados Unidos, um dos países que mais agridem a natureza, foi certamente o palco dos acontecimentos mais marcantes: foram contabilizados quase trinta furacões, com efeitos devastadores sobre as populações

FERNANDO NETTO SAFATLE

que habitam as cidades litorâneas, milhares de desabrigados e mortos, sem contar os bilhões de dólares de prejuízos.

Eis um alerta que consta de um documento sobre a mudança do clima elaborado pelo Núcleo de Assuntos Estratégicos (NAE).

A temperatura média global do planeta à superfície elevou-se de 0,6 a 0,7 °C nos últimos 100 anos, com acentuada elevação desde a década de 60. A última década apresentou os três anos mais quentes dos últimos 1000 anos da história recente da Terra. Hoje, através das análises sistemáticas do Painel Intergovernamental sobre Mudanças Climáticas (IPCC), sistematizando o conhecimento científico existente sobre o sistema climático e como este responde ao aumento das emissões antropogênicas (relativas ao ser humano) de Gases do Efeito Estufa (GEE) [1] e de aerossóis, há um razoável consenso de que o aquecimento global observado nos últimos 100 anos é causado pelas emissões acumuladas de GEE, principalmente o dióxido de carbono (CO_2), oriundo da queima de combustíveis fosseis – carvão mineral, petróleo e gás natural – desde a Revolução Industrial e, em menor escala, do desmatamento da cobertura vegetal do planeta, e do metano (CH_4), e não por eventual variabilidade do clima.

Os impactos do aumento das emissões de gases do efeito estufa são apontados pelo documento do NAE:

Os efeitos adversos do aquecimento global e da maior frequência e intensidade de eventos

A ECONOMIA POLÍTICA DO ETANOL

climáticos extremos podem provocar um aumento da vulnerabilidade do planeta em diversas áreas, como, por exemplo, perdas na agricultura e ameaça à biodiversidade, expansão de vetores de doenças endêmicas, aumento da frequência e da intensidade de enchentes e secas, mudança do regime hidrológico, com impactos sobre a capacidade de geração hidrelétrica. Além disso, a elevação do nível do mar pode vir a afetar regiões costeiras, em particular grandes regiões metropolitanas litorâneas. Estas perspectivas são particularmente preocupantes para os países em desenvolvimento, que deverão sofrer mais fortemente os impactos das mudanças climáticas e poderão ter comprometidos seus esforços de combate à pobreza e os demais objetivos de desenvolvimento do milênio (IPCC, 2001).

Em Bangcoc, Tailândia, 2.500 cientistas de 130 países voltaram a se reunir e ratificaram, agora com mais rigor e precisão metodológicos, na terceira Parte do Relatório de 2007 do Painel Intergovernamental sobre Mudanças Climáticas (IPCC) da ONU, os efeitos catastróficos do aquecimento global sobre o planeta, apesar das dificuldades criadas por China, Rússia, Arábia Saudita e Estados Unidos para a concretização do acordo e a redação do documento final. Nesse relatório, afirma-se que as emissões de gases nocivos ao meio ambiente aumentaram em 70% entre 1970 e 2004, chegando a 49 bilhões de toneladas por ano de dióxido de carbono. Prevê-se que as emissões possam aumentar de 25% a 90% até 2030, em comparação com os níveis de 2000. O relatório da ONU

FERNANDO NETTO SAFATLE

afirma ainda que entre 66% a 75% deste aumento devem acontecer em países em desenvolvimento, apesar de a emissão *per capita* dever se manter abaixo do nível dos países ricos. Em 2004, os países industrializados representavam 20% da população mundial e participavam com 46% das emissões. Certamente, foi pelo fato dos países mais pobres serem, ao mesmo tempo, os menos culpados e os mais afetados, que a ministra alemã de Cooperação Econômica e Desenvolvimento, Heidemarie Wieczorek-Zeul, pediu que países industrializados fizessem mais para conter o aquecimento global. Países que possuem florestas tropicais deveriam receber ajuda financeira, já que de 20% a 25% do aquecimento pode ser causados pela destruição de florestas.

No entanto, talvez a afirmação mais contundente fique por conta da constatação de que os humanos respondem por 90% de culpa pelo aquecimento global. O texto é claro: "A maior parte do aumento nas temperaturas médias registradas no mundo todo, desde a metade do século xx, é muito provavelmente consequência do aumento verificado nas concentrações antropogênicas (relativas ao ser humano) de gases de efeito estufa".[1] Essa constatação permitiu ao climatologista australiano Tim Flannery antever um cenário no qual, um dia, a influência humana sobre o clima superará todos os outros fatores. Em seu livro ele afirma: "Então, as empresas seguradoras e as cortes de justiça não poderão mais

---

1 O efeito estufa é um fenômeno que impede que o calor da Terra seja dissipado para o espaço, o que aumenta a temperatura da atmosfera. Ou seja, o efeito é causado por gases que ficam acumulados na atmosfera, impedindo a saída do ar quente, exatamente como ocorre numa estufa de plantas.

A ECONOMIA POLÍTICA DO ETANOL

falar em fatalidade, porque mesmo o menos racional entre nós poderia ter previsto as consequências. E o judiciário enfrentará a culpa proporcional e a responsabilidade por ações humanas resultantes do novo clima".[2]

Segundo Flannery, as mudanças climáticas podem chegar a tal nível de dramaticidade e caos que não seria pouco provável uma situação em que se veriam agricultores processando governos de países desenvolvidos pelas emissões de gases de efeito estufa que viessem a alterar o regime de chuvas em suas regiões e acabassem arruinando a colheita. Ações e demandas de compensação por danos ambientais são o que ele chama de *justiça natural*, cujo princípio de que o poluidor tem de pagar ou compensar a vítima, se tornará um direito supremo.

Por mais que algumas questões estivessem evidentemente claras, não foi nada fácil chegar à conclusão sobre o papel do homem nas mudanças climáticas. Vários trabalhos foram publicados na tentativa de mostrar que o papel humano nas emissões de gases não estava totalmente provado e que o aquecimento global poderia ser fruto de um aumento da atividade solar. Ou, ainda, quando não podiam deixar de mencionar a influência direta do homem nas mudanças climáticas, formulavam citações ambíguas e extremamente reservadas, enquanto as provas ficavam cada vez mais evidentes. O relatório do Grupo Intergovernamental de Especialistas sobre a Evolução do Clima (GIEC), de abril de 1996, redigido por dois mil especialistas mundiais, é uma pérola na arte de procurar encobrir as questões

---

2   Tim Flannery - *Senhores do Clima.*

FERNANDO NETTO SAFATLE

envolvendo uma assertiva em uma cortina de fumaça. Segundo o relatório do GIEC, "um feixe de elementos sugere que há uma influência do homem sobre o clima". Uma formulação tíbia, medrosa, sem a coragem de assumir o verdadeiro papel do homem nas emissões de gás carbônico.

Diante dos riscos decorrentes das mudanças climáticas, foi estabelecida, no âmbito da Organização das Nações Unidas, aberta para adesões em 1992, a Convenção do Clima, que até novembro de 2004 havia sido assinada por 189 "partes" (países). A Convenção do Clima tem como órgão supremo a Conferência das Partes (COP), composta pelos países signatários. Durante a COP 3, realizada em Kyoto, Japão, em 1997, foi adotado o Protocolo de Kyoto, segundo o qual os países industrializados deverão reduzir suas emissões de GEE em 5,2%, em média, em relação às emissões de 1990, nos anos de 2008 a 2012.

O Protocolo de Kyoto entrou em vigor em 16 de fevereiro de 2005, depois de cumprir uma série de condições, entre as quais ser ratificado por, pelo menos, 55 partes da Convenção-Quadro, entre elas incluídos países industrializados que respondessem por, pelo menos, 55% das emissões totais de dióxido de carbono desse grupo de países, contabilizadas em 1990.

Apesar de os Estados Unidos serem signatários da Convenção, em março de 2001 anunciaram que não iriam ratificar o Protocolo de Kyoto, mesmo sendo responsáveis por 36,1% das emissões totais dos países em 1990 e de terem 4% da população mundial. Segundo dados do Relatório da Conferência das Partes, discriminados na tabela abaixo, em 1990 somente quatro países – Estados Unidos, Rússia, Japão e Alemanha

A ECONOMIA POLÍTICA DO ETANOL

– eram responsáveis por emitir 9.531.545 Gg, ou seja, 82,2% das emissões totais no mundo. De lá para cá o quadro dos países mais poluentes já se modificou, com a perspectiva de a China estar liderando o *ranking* dos que mais emitem gás carbônico. Tal tabela é importante por servir ainda de referência ao Protocolo de Kyoto.

TOTAL DAS EMISSÕES DE DIÓXIDO DE CARBONO DAS
PARTES DO ANEXO I EM 1990[3]

Países	Emissões (Gg) 1990	Percentagem	Emissões (Gg) 2008**
EUA	4.957.022	36,1 %	5,69
Rússia	2.388.720	17,4 %	1,69
Japão	1.173.360	8,5 %	1,28
Alemanha	1.012.443	7,4 %	0,81
Reino Unido	457.441	4,3 %	0,53
Canadá	457.441	3,3 %	0,56
Itália	428.941	3,1 %	0,48
Polônia	414.930	3,0 %	------
Austrália	288.965	2,1 %	0,38
Outros	2.022.406	17,8 %	------
Total	13.728.306	100,0 %	

No embate travado em Kyoto, os Estados Unidos propuseram "no máximo", estabilizar por volta de 2012 suas emissões no nível de 1990, juntando a esta proposta a criação de um mercado de "diretos de poluição" no qual os países ricos que não conseguissem alcançar seus objetivos pudessem comprar toneladas

---

3   Dados do Relatório da Conferência das Partes em sua terceira sessão-Protocolo do Kyoto. **Fonte: Netherlands Environmental Assessment Agency

de gás carbônico dos países que promovessem ações concretas de diminuição das emissões. Uma solução tipicamente de conteúdo capitalista para um problema gerado pelo próprio modo de produção capitalista. Por outro lado, uma proposta que tem seus limites, pois, se os países emergentes pudessem desenvolver ações concretas de diminuição das emissões de gás carbônico que pudesse compensar ou neutralizar as continuadas emissões dos países industrializados – revertendo, por conseguinte, o cenário de dramaticidade de mudanças climáticas que se avizinha –, o mercado de crédito de dióxido de carbono chegaria a operar em um nível tal que significaria uma contundente transferência de renda dos países ricos para os países pobres.

Ora, se considerarmos as projeções de emissão de CO_2 até 2050 realizadas pelos ambientalistas, estaremos emitindo 45 bilhões de toneladas por ano. Os países ricos são responsáveis, hoje, por uma emissão de cerca 20 bilhões de toneladas de gás carbônico. Se considerarmos que o certificado de crédito de gás carbônico é negociado na bolsa de valores a US$ 5, 00, e se os países em desenvolvimento produzissem projetos de redução e sequestro de CO_2 em um volume equivalente ao que os países industrializados emitem isso significaria um potencial de financiamento, por conta do mecanismo de desenvolvimento limpo, em um valor de US$ 100 bilhões ao ano. Evidentemente, uma distribuição de renda dessa magnitude dos países industrializados para os países emergentes seria difícil de ocorrer. Daí porque dificilmente o mercado de crédito de gás carbônico dará contribuição vigorosa para a diminuição do efeito estufa.

A ECONOMIA POLÍTICA DO ETANOL

O Protocolo de Kyoto estabelece uma série de medidas capazes de controlar os impactos do crescimento econômico no meio ambiente, entre os quais a diminuição das emissões de gás carbônico pelo consumo dos combustíveis fósseis, graças à mistura progressiva do etanol na gasolina. Entretanto, o objetivo pretendido pelo Protocolo de Kyoto é considerado muito tímido pelos ambientalistas. As metas estabelecidas para os países desenvolvidos de diminuição de 5,2%, em relação ao nível das emissões de 1990, a ser atingida em 2012, correspondem a uma redução de 0,06 ºC para um aumento de 2 ºC previsto para 2050. Alem disso, os especialistas mais uma vez julgaram a distribuição das medidas muito mal feita. A França, por exemplo, em razão da energia nuclear ter um peso significativo em sua matriz energética, devia diminuir em 1%, enquanto se deixava em suspenso à questão dos países em desenvolvimento, quando a China e Índia apresentam ritmos muito mais rápidos de aumento da emissão de gases causadores do efeito estufa. Hoje, com o acelerado processo de crescimento de sua economia, a uma taxa anual de cerca de 10% de forma continuada nos últimos dez anos, a China passou a se constituir como uma preocupação internacional ao se inserir no rol dos países que mais emitem gás carbônico no mundo. Em 2005, a China converteu-se no maior emissor de gases poluentes, ultrapassando os EUA, como revela o estudo do Netherlands Environmental Assessment Agency, descrito pelo quadro abaixo. Em 2008, no

FERNANDO NETTO SAFATLE

mesmo estudo, enquanto os EUA eram responsáveis por emitir 5,69 (Gg), a China, emitia 7,55 (Gg).[4]

TOTAL DE EMISSÕES DO DIÓXIDO DE CARBONO DOS PAÍSES EMERGENTES

Emissões (Gg)[10]

	1990	2008
Brasil	0,22	0,43
China	2,44	7,55
Índia	0,66	1,58
Total	22,3	31,6

Apesar da China, como o Brasil e a Índia, estar dispensada de respeitar os limites de emissões poluentes estipuladas para os paises industrializados, a expectativa era de que metas mais ambiciosas do que as definidas há 12 anos atrás fossem oficializadas durante o COP 15 (encontro promovido pela ONU em Copenhaguen em dezembro de 2009), onde se esperava que a China pudesse ser incluída entre os paises que deveriam promover redução nas taxas de CO^2. Contudo, o Acordo de Copenhaguen mostrou mais uma vez o nível agudo de contradições existentes entre os interesses dos países desenvolvidos e

---

4 Uma outra fonte, o relatório do Global Carbon Project também mostra o novo mapa da poluição no mundo: a China e a Índia são os países com maior aumento na emissão de CO2. Segundo o relatório, publicado pela revista *Isto É*, de outubro de 2008, a China ultrapassou os EUA em 2006, com emissão de 3,1 bilhões de toneladas ano e 2,8 bilhões de toneladas ano, respectivamente. A Índia disputa com a Rússia a terceira posição, ultrapassando a Alemanha.

5 Fonte: Netherlands Environmental Assessment Agency

A ECONOMIA POLÍTICA DO ETANOL

os países emergentes dificultando sobremaneira a definição de regras e metas concretas na redução das emissões. A China se recusa a aceitar controle externo de emissões e a se enquadrar em uma proposta de compromisso de corte de 50% das emissões ate 2050. Dessa forma, as questões fundamentais nunca chegaram perto de um consenso, jogando para frente, ou seja, para o COP 16 a se realizar no México as futuras expectativas.

O novo surge das entranhas do velho, segundo Marx. Nos paises capitalistas mais avançados, a luta de classes não conseguiu levar as ultimas conseqüências as contradições do capitalismo engendrando um agudo antagonismo entre as forças produtivas e as relações de produção em um momento histórico dado, como antevia a doutrina marxista. Agora, no entanto, o prenuncio de mudanças drásticas e catastróficas no clima, com sinais claros de transformações radicais na vida do planeta causadas por um modo de produção predatório, podem impulsionar uma consciência mundial revigorada pela necessidade da sobrevivência coletiva que seja capaz de romper o paradigma atual da matriz energética desaguando em um novo modo de produção que obedeça a uma nova lógica sócio-ambiental.

Assim, a questão não é apenas produzir ou não fontes alternativas de energia. A dramática situação de ameaça ao futuro do planeta cria novas oportunidades para superar as relações sociais que produzem desigualdades, desequilíbrios entre as nações, devastações e degradação ambiental. Já existe um leque de ações concretas, em diversas partes do mundo, desenvolvidas com o intuito de produzir formas alternativas de energia capazes de assegurar um modo de vida que não agrida o meio ambiente nem ameace a natureza e a vida.

A ideologia do neoliberalismo estabeleceu dogmas de comportamento da sociedade moderna, amortecendo o ideário da construção coletiva, o direito à utopia e o sonho de poder construir um futuro comum, entregando o destino dos povos à "mão invisível do mercado". Por outro lado, impregnou-se em corações e mentes que somente os grandes investimentos, os conglomerados industriais e financeiros podem gerar eficiência produtiva. Essa é a lógica inerente ao sistema capitalista. Assim, qualquer iniciativa que não tem o carimbo dos grandes empreendimentos é considerada inviável do ponto de vista econômico. O combustível do capitalismo foi alimentado pela energia fóssil – petróleo, carvão e gás natural – extraídos por grandes corporações e conglomerados econômicos, o que exige, por conseguinte, uma enorme concentração de capital. A energia renovável – eólica, solar e a de outras fontes alternativas – pode ser produzida de forma descentralizada e desconcentrada, mas também tem que romper com o arcabouço político e ideológico, cultural e social com predominância hegemônica na sociedade atual.

UMA ALTERNATIVA PARA
O FIM DA ERA DO PETRÓLEO

No Brasil, as fontes de combustíveis fósseis, petróleo e derivados são responsáveis por mais de 54,1% das emissões de gás carbônico, e a participação da energia renovável no total da energia primária representa 44,7%. No mundo, a matriz é mais poluidora, com 80,3% da energia proveniente de fontes de combustíveis fósseis e apenas 13,3% de energia renovável, segundo os dados do gráfico abaixo.

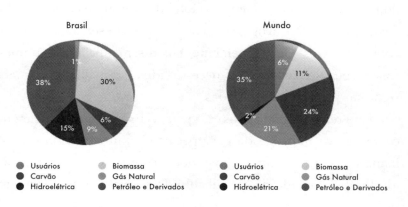

A MATRIZ ENERGÉTICA BRASILEIRA

FERNANDO NETTO SAFATLE

Há trinta anos, o Brasil iniciou a produção em larga escala do etanol combustível, como alternativa à crise do petróleo, produzindo energia a partir da biomassa, e com a vantagem de ser renovável. Estava lançada uma alternativa para o fim da era do petróleo. Afinal, a humanidade não poderia cometer a insanidade de ficar dependente de uma única fonte de energia fóssil, finita e com data marcada para acabar.

As reservas de petróleo ditas provadas são estimadas em 1,2 trilhões de barris, suficientes para suprir a demanda mundial por mais cinquenta anos. Apesar de os números disponíveis sobre as projeções mundiais de petróleo apontar para esse horizonte temporal, é preciso, entretanto, ter cuidado ao trabalhar com eles, pois há divergências e controvérsias entre vários órgãos e entidades. Os números e projeções discrepam uns em relação a outros. Segundo artigo de Nicolas Sarkis publicado no *Le Monde Diplomatique*,(10) as estimativas oficiais da OPEP ditas comprovadas são superiores em cerca de 400 bilhões de barris em relação às realizadas pela Associação para o Estudo do Pico do Petróleo e do Gás (ASPO). Do total das estimativas oficiais da OPEP, segundo esse artigo, cerca de 44% podem ser considerados "barris fictícios". Evidentemente, tais discrepâncias nos números nos pedem cuidados e a necessidade de trabalhar com mais rigor nas projeções anunciadas.

Para reforçar ainda mais essa perspectiva, devem-se levar em conta que os números da OPEP permaneceram, de certa forma, inalterados durante um longo período, como se cada barril extraído fosse automaticamente substituído naquele mesmo instante por conta de nova descoberta ou mesmo de uma reavaliação de

A ECONOMIA POLÍTICA DO ETANOL

estoque. Segundo Sarkis, o Iraque manteve sua estimativa de 100 bilhões de barris ao longo de todo o período de 1987 a 1995, quando a elevou para 115 bilhões. Sarkis afirma:

> Não menos surpreendente é o exemplo do Kuwait, que manteve intacta, entre 1991 e 2002, a estimativa de 96,5 bilhões de barris em suas reservas comprovadas – apesar de uma extração acumulada de 8,4 bilhões de barris no período. Baseando-se em dados que teriam sido fornecidos por altos funcionários do governo do Kuwait, o semanário americano *Petroleum Intelligence Weekly* sustenta que as estimativas oficiais são uma mescla de reservas comprovadas, prováveis e possíveis. As reservas realmente comprovadas não passariam de 48 bilhões de barris [...][1]

O mesmo erro de superestimação também foi cometido pela empresa americana El Paso, que anunciou uma reavaliação para baixo de suas reservas, em 11%; em janeiro de 2006, o grupo espanhol Repsol-YPF teve de diminuir em 1,25 bilhões de barris suas supostas reservas, ou seja, 25% do total que fora anteriormente projetado.

Nem as estimativas anunciadas pelas multinacionais do petróleo escapam do desvio da superestimação, mesmo considerando que possuem ações negociadas na bolsa e suas contas e números verificados por auditorias supostamente idôneas. Sarkis discorre sobre o caso Shell, que teve que reavaliar suas reservas,

---

1 Nicolas Sarkis, Bem-vindos ao fim da era do petróleo, *Le Monde Diplomatique*, maio 2006.

FERNANDO NETTO SAFATLE

em 2004, superestimada em algo próximo de um terço, depois de uma forte queda de produção de suas jazidas de Yebal, em Omã, e de outras perdas em todo o mundo.

Antes da eclosão da atual crise que abalou as estruturas do capitalismo mundial, o problema central que marcou a onda de aumento dos preços do petróleo – que difere substantivamente da crise do petróleo ocorrida na década de 1970 – foi o aumento desmesurado da demanda mundial por petróleo ocorrido naqueles anos, agravado pelo aumento da extração, que cresceu de maneira superior ao volume descoberto (há vinte anos o volume extraído do subsolo é superior ao volume descoberto), e pelo declínio de produção em um bom número de países. O pano de fundo dessa nova onda de crise se inscreveu na instabilidade política que se instalou a partir da invasão do Iraque, nas tensões em torno do programa nuclear iraniano e nos conflitos étnicos na Nigéria.

A invasão do Iraque provocou uma verdadeira reversão de expectativas, mudando profundamente o cenário a partir de 2003. O que se esperava era que depois da derrubada de Saddam Hussein ocorresse um forte aumento na produção e uma redução nos preços. Ao contrário, surpreendidos por uma guerra civil sem precedentes, os Estados Unidos se enredaram em uma imprevisível escalada militar e a produção de petróleo, em vez de aumentar, despencou – de 2,5 milhões de barris/dia para 1,5 milhão de barris/dia. Em decorrência desses e de outros fatores, os preços do petróleo explodiram no mercado internacional. A OPEP fez um cálculo médio constatando que os preços subiram de 24,36 dólares o barril, em 2002, para 50,58 dólares em 2005. Em 2006 e

38

A ECONOMIA POLÍTICA DO ETANOL

2007, os preços chegaram a ultrapassar os 60 dólares o barril. Em março de 2008 pulou para 140 dolares o barril.

A cronologia da disparada dos preços do petróleo é a seguinte:[2]

1970 – o petróleo saudita é fixado a US$ 1,80 o barril, segundo dados do Departamento de Energia dos EUA;

1974 – o petróleo passa dos US$ 10 o barril, após o primeiro choque do petróleo (Embargo da OPEP durante a guerra do Yom Kippur);

1979 – o petróleo supera os US$ 20, após a explosão da Revolução Iraniana, provocando o segundo choque do petróleo;

1980 – o petróleo sobe até US$ 39 o inicio de 81, em plena guerra Irã-Iraque;

2004 – o preço do petróleo passa dos US$ 50, o barril;

2005 – o barril passa dos US$ 60;

2005 – o barril passa dos US$ 70 quando o furacão Katrina castiga o Golfo do México;

2005 – 12 de setembro o barril passa dos US$ 80. O mercado está preocupado com as reservas estratégicas americanas;

2007 – o barril chega a US$ 93 devido à redução da produção mexicana;

2008 – 2 de janeiro o petróleo chega a US$ 100.

2008 – março o petróleo atinge U$ 140.

2008 – dezembro o petróleo cai para U$ 40.

Alguns países, diante do declínio de sua produção, conjugado ao aumento de sua demanda, passaram de exportadores a importadores de petróleo. Assim ocorre hoje com a Indonésia, o Egito, a

---

2   *Economia e Negócios* – 19 de fevereiro de 2008

39

Tunísia e os Estados Unidos; e estão em vias de se tornar importadores o Gabão, a Síria e Omã. Sarkis cita ainda o caso do México que, segundo a Pemex, alerta para um declínio na extração muito mais acelerado do que se previa, à vista de estudo realizado em 2005. No mar do Norte, a Agência Internacional de Energia (AIE) prevê o declínio das reservas de 6,6 bilhões de barris, em 2002, para 4,8 bilhões, em 2010, e apenas 2,2 bilhões, em 2030.

O quadro que o articulista do *Le Monde Diplomatique* traça para o cenário futuro do suprimento do petróleo não é nada animador. Mesmo porque esse declínio de produção já esperado para esse conjunto de países outrora exportadores de petróleo não pode ser compensado por um aumento da produção dos tradicionais exportadores do Oriente Médio.

Afirma Sarkis:

No que diz respeito ao Oriente Médio, cuja produção deveria supostamente dobrar até 2025, para saciar a crescente demanda mundial, as projeções da Agência Internacional de Energia (AIE) e do departamento americano de energia parecem ser totalmente irrealistas. Somente a Arábia Saudita pôs em marcha um programa que visa o aumento de sua capacidade – dos atuais 10,8 milhões de barris/dia para 12,5 milhões de barris/dia em 2009. Nos demais países a situação é menos promissora, sobretudo no Irã, no Iraque e no Kuwait. A situação política no Iraque e as tensões envolvendo o programa nuclear iraniano comprometem a capacidade produtiva desses países. O famoso 'Projeto Kuwait', que deveria dobrar a produção do país, avança lentamente há

A ECONOMIA POLÍTICA DO ETANOL

dez anos, enquanto as antigas jazidas de Burgan
e de Raudhatain, que totalizam 67% da produção
do país, começam a dar sinais de esgotamento.

Por outro lado, antes da crise deflagrada no segundo semestre de 2008, a demanda mundial cresceu de forma inusitada. No período de 1992 a 2002, ela cresceu 1,54% ao ano. No ano de 2003, o crescimento alcançou 1,93%, e em 2004 pulou para 3,7%. Em 2005, o consumo atingiu o recorde de 82,1 milhões de barris/dia. Ou seja, em apenas três anos a demanda por petróleo aumentou em 5,5 milhões de barris/dia. Esse crescimento foi puxado pelo crescimento vertiginoso que vem alcançando a economia chinesa nos últimos anos, com um aumento no consumo de petróleo de 7,6% em 2003 e de 15,8% em 2004. Por outro lado, já em 1991, de um total de 8,2 milhões de ton equivalentes de petróleo consumido em escala global, a China era responsável por 9% do consumo total e os EUA 23%. Em 2006, de um total de 10,9 milhões de ton a China passou para 16% do consumo global e os EUA caiu para 21%. A China foi responsável por 78% do crescimento do consumo mundial de petróleo em 2006, a Índia abocanhou 16% desse crescimento e, enquanto os EUA (e a OCDE em conjunto) tiveram um declínio de 7%.[3]

Em 2001, a AIE publicou seu relatório sobre as perspectivas da demanda e da oferta mundiais de petróleo para os

---

3 *Mundorama-* Divulgação cientifica em relações internacionais (agosto de 2009). Os desdobramentos internacionais do desenvolvimento e da demanda por petróleo na China-Diego Pautoso

41

próximos vinte anos: uma demanda mundial em 2010 de 95,8 milhões de barris/dia e de 114,7 milhões de barris/dia em 2020.

Então, até 2020 teremos uma demanda adicional de 40 milhões de barris/dia, o que significa a necessidade de obter um crescimento de 130% do total da capacidade de todos os países da OPEP juntos. Para isso, seria preciso realizar um investimento colossal, capaz de compensar o declínio natural da produtividade das jazidas e desenvolver novas capacidades de produção. Segundo Sarkis, essas estimativas variam, podendo oscilar de investimentos na ordem de 300 bilhões de dólares nos principais países do Oriente Médio a 1 trilhão de dólares nos países não-OPEP, no período de 2001 a 2010. É claro que investimento dessa magnitude não vem sendo realizado nos países produtores de petróleo, ainda mais considerando que o 11 de setembro, a escalada do conflito no Oriente Médio e a diminuição do crescimento dos países desenvolvidos afasta qualquer possibilidade de assegurar um cenário econômico e político que estimule investimentos dessa envergadura. Outra realidade deve ser salientada, segundo Sarkis, ainda considerando o repique da crise que abalou o capitalismo mundial: de 2001 a 2025, o grande aumento das necessidades mundiais e o declínio das reservas e da produção nos países industrializados farão a dependência dos Estados Unidos em relação ao petróleo importado passarem de 55% para 71%, a da Europa Ocidental de 50% para 68% e a da China de 31% para 73%, sem falar em outros países consumidores.

Em relação aos EUA a realidade é bem singular. As descobertas de petróleo atingiram seu apogeu em 1930 enquanto a

A ECONOMIA POLÍTICA DO ETANOL

sua produção alcançou seu pique máximo em 1971. Desde então o declínio de sua produção tem sido inexorável. O declínio de suas reservas caiu de 30 bilhões de barris (1970) para 20,9 bilhões de barris (2006). A produção em uma década (1996 a 2006) caiu de 8,295 milhões de barris para 6,870 milhões de barris por dia (mb/d). Enquanto isso, o consumo, no mesmo período, aumentou de 18.309 milhões de barris para 20.589 milhões de barris (mb/d). Com isso, o déficit pulou para 13.718 milhões de barris (mb/d), em 2006, aumentando em mais de 66% a importação de petróleo do total consumido no país, segundo dados da BP Statistical Review World Energy.

Há que se tomar cuidado em relação aos números quando se refere as reservas e produção de petróleo, como já foi alertado anteriormente. Certamente, ocorrem imprecisões, mas, apesar disso, mesmo levando em conta as discrepâncias elas guardam entre si similitudes no que tange as tendências mundiais do mercado sendo, portanto, importante mostrar dados de outras fontes, como revela a próxima tabela.

FERNANDO NETTO SAFATLE

RESERVAS MUNDIAIS DE PETRÓLEO[4] EM BILHÕES DE LITROS – 2008

EUA	30,5	
Canadá	28,6	
México	11,9	
Total América do Norte	71,0	5,6%
Venezuela	99,4	
Brasil	12,6	
Outros	11,2	
Total da América do Sul	132,2	9,8%
Federação Russa	79,0	
Cazaquistão	39,8	
União Europeia	5,5	
Outros	17,8	
Total Europa e Euroasia	142,1	11,3%
Arábia Saudita	264,1	
Irã	137,6	
Iraque	115,0	
Kwait	101,5	
Emirados Árabes	97,8	
Outros	32,0	
Total Oriente Médio	754,2	60%
Líbia	43,7	
Nigéria	36,2	
Argélia	12,2	
Angola	13,5	
Outros	19,9	
Total África	125,5	10%
China	15,5	
Índia	5,8	
Malásia	5,5	
Outros	26,0	3,2%
Total Mundial	1.256,8	100%

4   Fonte: BP *Statistical Review of World Energy*-Junho de 2009.

A ECONOMIA POLÍTICA DO ETANOL

A fragilidade da situação dos EUA no que toca a questão energética se acentua cada dia mais: importa 66% do petróleo que consome; consome 1/5 da produção mundial; e, é dependente em relação às zonas produtoras de petróleo que demonstram extrema instabilidade política (Iraque, Irã e Nigéria).

Em um contexto de tímidos sinais de recuperação econômica da atual crise do capitalismo mundial, se evidencia um cenário preocupante quanto ao esgotamento das reservas petrolíferas, pois os problemas não se restringem mais às importações de petróleo de uma região conflagrada e que não responde positivamente às intervenções militares, transformando-se em palco de guerra permanente e de desfecho imprevisível, como vive o Oriente Médio. A questão como se dá hoje vai além do conflito crônico do Oriente Médio. A possibilidade de retomada do crescimento econômico pós-crise voltando a aquecer o crescimento da demanda mundial de petróleo, a diminuição da relação extração/reservas e o declínio da produção mundial ascendem com cada vez mais frequência o sinal de alarme, com repique nos preços cada vez mais intenso. Em que pese as baixas taxas de crescimento e o espectro da crise que ainda ronda os países desenvolvidos, os preços do petróleo voltaram a oscilar para cima, saiu do fundo do poço, quando chegaram a seu nível mais baixo, cerca de 40 dólares o barril, para atingir 68 dólares o barril, em agosto de 2009.

Com a dependência do suprimento de petróleo como principal fonte energética, os riscos para a segurança energética aumentarão muito, em curto espaço de tempo, conforme alerta a AIE. Sua condição de produto fóssil e finito fica cada vez mais

45

evidente: a atual disparada de preços, ocorrida antes da crise de 2008, nada tem em comum com as crises anteriores, ocorridas nos anos 1970, caracterizadas pela escassez de oferta mundial de petróleo. Quando a economia mundial estava aquecida a crise era decorrente de problema do lado da demanda, que crescia e superava a produção. Tudo indica que passada a atual crise e quando a economia mundial for puxada por um novo ciclo de crescimento os problemas de desajustes entre a demanda e oferta de petróleo voltarão a se manifestar na mesma magnitude. A oscilação para o alto dos preços do barril de petróleo é recorrente, pois respondem ao crescente consumo mundial e a incapacidade de reposição física de suas jazidas e estoques. Ora, como as crises não duram eternamente, ou o sistema capitalismo encontra saídas para retomar seu ciclo de crescimento, ou as condições objetivas e subjetivas amadurecem aprofundando sobremodo uma conjuntura propícia para criar uma situação revolucionária de mudança, o que evidentemente não é o caso e, sendo assim, mais cedo ou mais tarde, em um contexto ou em outro, se retoma os níveis de crescimento e de demanda por petróleo.

Nestas circunstâncias é valido observar o anúncio publicitário do grupo norte-americano Chevron Texaco, citado por Sarkis: "Foram necessários 125 anos para que o mundo consumisse o primeiro trilhão de barris de petróleo, mas serão necessários apenas 40 anos para que se consuma o segundo – o que corresponde ao total das reservas comprovadas".

A ECONOMIA POLÍTICA DO ETANOL

O conflito entre a produção de etanol e a cadeia produtiva de alimentos

Segundo estimativas de especialistas, a produção de etanol extraído da cana-de-açúcar é viável economicamente quando o barril de petróleo alcançar mais de US$ 38 no mercado internacional. Mesmo, no auge da atual crise do capitalismo financeiro, quando o barril de petróleo despencou para os níveis de U$ 40, a produção de etanol no Brasil ainda era competitiva. Mais recentemente, quando a economia mundial sai do fundo do poço, ainda que timidamente, em agosto de 2009, o preço do petróleo volta a crescer se situando em torno de U$ 70 o barril, aumentando a margem de competitividade do etanol produzido no país.

A agro energia, a produção de etanol a partir da biomassa – de cana, milho, mandioca – e, agora, a produção do biodiesel a partir do pinhão manso, da mamona, da soja e do girassol, entre outros, sinalizaram para a humanidade a possibilidade de gerar energia de forma renovável, pelo menos enquanto houver disponibilidade de terras que não seja conflitiva com sua utilização para a produção de alimentos. A combinação de fatores de produção e conhecimento tecnológico garante, para os próximos cinquenta anos, o uso da agro energia como fonte produtora de combustível líquido. Enquanto isso, a humanidade aposta no avanço do conhecimento científico e no desenvolvimento tecnológico e em sua capacidade de descobrir não só novas fontes de energia também renovável e limpa, que, somadas a agro energia de segunda e terceira geração, podem reduzir a competição entre a produção de alimentos e a de bioenergias. O etanol celulósico será produzido a partir dos

47

FERNANDO NETTO SAFATLE

resíduos vegetais agrícolas, florestais e gramíneas de crescimento rápido. As primeiras usinas já estão sendo construídas nos EUA.

Contudo, há um orquestração internacional que exerce uma forte pressão contra o etanol brasileiro focada na questão que sempre diz respeito à possível competição entre a produção de etanol e a cadeia produtiva de alimentos. Atualmente, o Brasil é um dos poucos países do mundo que tem disponibilidade de terras para expandir sua produção de etanol sem concorrência com a cadeia de produção de alimentos. Segundo dados do Instituto Brasileiro de Geografia e Estatística (IBGE) e da Companhia Nacional de Abastecimento (Conab), o potencial disponível de terras para a agricultura no país é de 90 milhões de hectares. Para se ter noção da dimensão do potencial de terras agricultáveis, basta lembrar que a área utilizada em 2005 para a produção de cana é de cerca de 6 milhões de hectares, o que corresponde a somente 5,5% desse potencial.

MILHÕES DE HECTARES (2005)

	Total	% do total	% do total de terras aráveis
Brasil	850		
Total de terras aráveis	340	40%	
Total de terras cultivadas	61	7,2%	17,9%
Soja	23	2,7%	6,8%
Milho	11	1,3%	3,2%
Cana	6	0,7%	1,8%
Pasto	200	23,5%	58,8%
Terras disponíveis	80	9,4%	23,5%

Fonte: MAPA-UNICA

A ECONOMIA POLÍTICA DO ETANOL

Ora, utilizamos menos de 6 milhões de hectares para produzir 16 bilhões de litros de etanol em 2005, isso porque uma parte da produção de cana é destinada à produção de açúcar. Se considerarmos uma mistura de 10% de etanol na gasolina consumida mundialmente, seria necessário produzir cerca de 117,1 bilhões de litros de etanol. Se quisermos participar da oferta de etanol anidro para abastecer o mercado mundial a ser misturado à gasolina teremos de aumentar nossa produção em mais de sete vezes em relação a produção de 2005, ou seja, em mais de 16 bilhões de litros/ano. Nesse caso, para aumentar a produção para 117,1 bilhões, visando às exportações, precisaremos adicionar ao processo produtivo mais 19,9 milhões de hectares[5](13).

Levando-se em conta que, em tese, a cana pode ser produzida em grande parte do território nacional, o potencial de expansão da área agricultável no país é extremamente favorável, se considerados somente os 80 milhões de hectares disponíveis. No entanto, sabe-se que nem toda terra disponível é adequada ao plantio de cana, dada à combinação de fatores que precisam se cruzar para o seu plantio, como abundância de água, altitude e solo. Ora, a área ocupada pelas pastagens é de 200 milhões de hectares e é notório que uma grande parte delas está degradada e subutilizada. Com um pouco de racionalidade no uso das áreas de pastagens, aumentando o índice de ocupação por hectare (hoje considerado muito baixo) de 1,08 cabeça de gado por hectare para 1,4, poder-se-ia disponibilizar no mínimo 20% de sua área para o plantio de cana, sem

_____
5   Dados do Censo Agropecuário de 2006-IBGE

comprometer as taxas de crescimento do rebanho nacional. Assim sendo, com o simples uso racional das áreas ocupadas com pastagens seriam liberadas para o plantio de cana cerca de 40 milhões de hectares. Portanto, considerando a liberação de áreas importantes utilizadas como pastagens, a substituição marginal das áreas cultivadas com culturas anuais, como soja e milho, e ainda uma parcela do total dos 80 milhões de hectares das áreas agricultáveis disponíveis, pode-se considerar um potencial de não menos que 80 milhões de novos hectares com possibilidades de plantio de cana.

Diante do novo cenário de expectativas crescentes na produção de etanol já refletido de certa forma nas safras de 2005/06 e 2006/07, pode-se perceber, no remanejamento de culturas, como vem se comportando o avanço da cana. Na safra de 2005/06 a cultura da soja ocupava uma área de 22.229.000 hectares, enquanto em 2006/07 ela diminuiu para 20.581.000 hectares. A cultura do milho, ao contrário, bafejada pelo destino de seu congênere nos Estados Unidos, aumentou sua participação na produção no país, de 12.964.000 hectares para 13.351.000 hectares, na safra de 2006/07. O arroz, outra cultura que ocupa uma área considerável nas terras de culturas anuais, manteve praticamente a mesma participação, uma área de 2.997.000 hectares. A cana aumentou sua ocupação de 5.840.000 hectares para 6.189.000 hectares na safra de 2006/07. É evidente que esse crescimento se deu na área ocupada pela soja e por pastagens, em razão da evolução dos preços relativos favorável a cana. Há uma notória substituição de cultura ocorrida nesta safra. Por outro lado, as expectativas de crescimento do setor sucroalcooleiro não vão se

A ECONOMIA POLÍTICA DO ETANOL

expandir com a substituição simplesmente de outras culturas em favor da cana, por mais que mantenha um diferencial de preços o seu favor em relação às outras culturas. A expansão da cultura da cana vai se direcionar no reaproveitamento das terras subtilizadas de pastagens e do contingente de terras disponíveis para a agricultura. Estamos falando dos grandes projetos e das plantações em larga escala de cana. No entanto, se considerarmos também a possibilidade de produção de etanol no reaproveitamento de áreas dos assentamentos de reforma agrária, nas pequenas e médias propriedades, teríamos uma quantidade enorme de áreas propícias à produção voltadas para a implementação de projetos de micro destilarias.

No final do governo José Sarney, em 1989, os assentamentos ocupavam uma área de 60 milhões de hectares. Utilizando apenas 10% dessa área se disponibilizariam somente nos assentamentos 6 milhões de hectares, a mesma área hoje ocupada com a produção de açúcar e etanol. Área mais do que suficiente para a implantação de um programa de 1 milhão de micro-destilarias.[6]

Zoneamento agroecológico da cana-de-açúcar

A imprensa mundial tem sido inundada recentemente com declarações de várias correntes de ambientalistas sobre os riscos do avanço da cana e o comprometimento ambiental que isso

---

6   Em capítulo adiante voltaremos de tratar desse assunto de forma mais detalhada.

51

poderia provocar, especialmente em áreas hoje ocupadas com florestas. "Quando você corta a floresta para proteger o clima, é contraproducente", afirma De Pous, especialista em políticas públicas da European Environmental Bureau (EEB), associação de 140 ONGS ambientalistas. No entanto, o receio dos ambientalistas de que a expansão do cultivo da cana possa invadir a Amazônia são infundadas por duas razões: primeiro, o grande potencial disponível de terras existentes e próximas aos grandes centros consumidores e, em segundo, as condições de clima e solo na Amazônia que na sua grande maioria são impróprias para o cultivo de cana. Tudo isso não significa que não se deva descuidar dos desmatamentos que ocorrem na Amazônia, não pelo avanço da cana, mas sim, pela penetração da pecuária, deslocada para o solo amazônico por causa da produção de soja e cana no Sudeste e Centro-Oeste.

Em que pese os ouvidos de mercador dos governos e organismos internacionais de vários matizes insensíveis aos argumentos sobre a preservação da Amazônia em relação ao cultivo da cana-de-açúcar dificultando, assim, a expansão das exportações de etanol, as autoridades brasileiras resolveram dar uma resposta formal normatizando por decreto o zoneamento agroecológico da cana no Brasil. Esse trabalho foi elaborado por vários órgãos do governo federal, tais como, Embrapa, CPRM, IBGE e Ministério do Meio Ambiente e, que serviu de referência para o decreto encaminhado ao Congresso Nacional em setembro de 2009.[7]

---

7 *Zoneamento Agroecológico da Cana-de-Açúcar-Expandir a produção, preservar a vida, garantir o futuro.* Documento 110- Ministério da Agricultura,

A ECONOMIA POLÍTICA DO ETANOL

BIOMA AMAZÔNIA, BIOMAPANTANAL E BACIA DO
ALTO PARAGUAI NO TERRITÓRIO BRASILEIRO

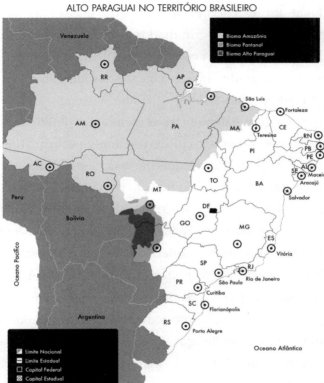

*No mapa anterior se visualiza as áreas definidas como Bioma Amazônia, Pantanal e Bacia do Alto Paraguai excluídas como área para o cultivo da cana-de-açúcar.

As áreas indicadas para a expansão pelo Zoneamento Agroecológico da cana-de-açúcar compreendem aquelas atualmente em produção agrícola intensiva, produção agrícola

Pecuária e Abastecimento-setembro-2009.

FERNANDO NETTO SAFATLE

semi-intensiva, lavouras especiais (perenes, anuais) e pastagens. Estas foram classificadas em três classes de potencial (alto, médio e baixo) discriminadas ainda por tipo de uso atual predominante (Agropecuária, Agricultura e Pastagem) com base no mapeamento dos remanescentes florestais em 2002, realizado pelo Probio-MMA.

O mapa seguinte demonstra as áreas aptas definidas pelo zoneamento agroecológico ao cultivo da cana-de-açúcar atualmente utilizadas com pecuária, agropecuária ou agricultura. Como se observa há um grau de concentração do cultivo nas regiões do sudeste e centro-oeste. Se cruzarmos este mapa com o mapa das usinas sucroalcooleiras em operação e projetadas também vamos observar que um pequeno número das usinas em operação estão instaladas na região limítrofe demarcando o Bioma Amazônia e um outro tanto projetadas na Bacia do Alto Paraguai. Por conseguinte, a iniciativa do governo federal em adotar o zoneamento agroecológico da cana-de açúcar ocorreu oportunamente e estabeleceu uma ferramenta de planejamento importante para a expansão e cultivo da cana sem restrições ambientais.

A ECONOMIA POLÍTICA DO ETANOL

ZONEAMENTO AGROECOLÓGICO DA CANA-DE-AÇÚCAR – ÁREAS APTAS NO BRASIL

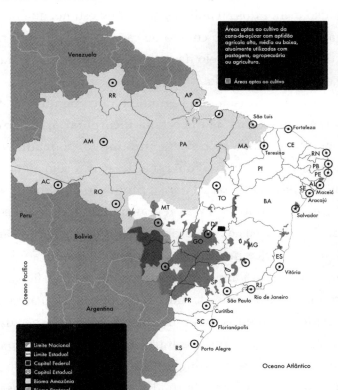

Segundo o documento elaborado pelos órgãos do governo as estimativas obtidas demonstram que o país dispõe de cerca de 64,7 milhões de ha de áreas aptas à expansão do cultivo de cana-de-açúcar, sendo que destes 19,3 milhões de ha foram considerados com alto potencial produtivo, 41,2 milhões de háacomo médio e 4,3 milhões como de baixo potencial para o cultivo. As áreas aptas à expansão cultivadas com pastagens, em 2002, representam cerca de 37,2 milhões de ha. Certamente, uma área um pouco menor dos 80 milhões de ha que estimei que pudesse estar apta a expansão do cultivo de cana, o que de certa forma pode demonstrar certo zelo das autoridades governamentais no manejo da área expandida.

Estas estimativas, ainda segundo o documento oficial, demonstram que o país não necessita incorporar áreas novas e com cobertura nativa ao processo produtivo, podendo expandir ainda a área de cultivo com cana-de-açúcar sem afetar diretamente as terras utilizadas para a produção de alimentos.

Agora, segundo as novas regras o plantio de cana só poderá se dar em áreas que possam ser cultivadas mecanicamente. Além disso, fica proibida a expansão da produção de cana na Amazônia e no Pantanal. Dessa forma, com a oficialização da proibição do plantio de cana na Amazônia e Pantanal as autoridades brasileiras esperam por um fim nas especulações veiculadas pela comunidade internacional sobre a expansão da cana naquelas áreas e romper com as barreiras que se antepõem contra o etanol brasileiro, dificultando sua expansão no mercado internacional.

O Triângulo Mineiro, o sul de Goiás e Mato Grosso do Sul têm algumas das regiões priorizadas para a instalação dos novos projetos, bem como o noroeste da Bahia, Tocantins e o sul do Piauí e Maranhão. As regiões do Pantanal e da Amazônia estão totalmente descartadas como área de expansão do cultivo da cana.

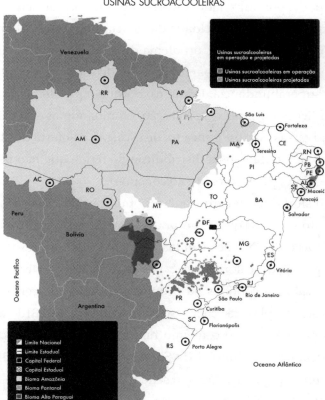

ZONEAMENTO AGROECOLÓGICO DA CANA-DE-AÇÚCAR
USINAS SUCROACOOLEIRAS

A outra tese alarmista, trombeteada pela esquerda de corte populista, capitaneada por Hugo Chavez e, agora, reforçada a nível internacional pelo relator da Organização das Nações Unidas (ONU) para o Direito à Alimentação, Jean Ziegler, afirma que o avanço da cana iria comprometer a produção de alimentos e aumentar a fome no mundo. É interessante que mais de cem anos depois se retira do baú a tese do fatalismo malthusiano, só

FERNANDO NETTO SAFATLE

que agora, revestida de um ambientalismo invertido. É claro que não se pode, por outro lado, incorrer no equívoco de acreditar de modo inexorável na capacidade da ciência e no desenvolvimento tecnológico em resolver o problema da fome do mundo, mesmo porque, o problema não parece ser nem de escassez e muito menos de superabundância.

Primeiro, porque o problema da fome, em condições normais de produção, eliminando as situações de clima adversas, não é e nunca foi de escassez na oferta de alimentos, mas sim, o da injusta distribuição de renda que não permite o acesso da população pobre ao consumo. A história demonstrou que a população mundial não cresceu muito mais do que a oferta de alimentos. De acordo com a Organização das Nações Unidas para a Agricultura (FAO) a produção global de calorias *per capita* é satisfatória. Dividindo o total de calorias contidas na produção mundial de cereais pela população do planeta, chega se a uma média de 2810 calorias diárias por pessoa e o consumo mínimo, para adulto, indicado pela Organização Mundial da Saúde é de 2200 calorias diárias. Em segundo lugar, a visão que se tem é equivocada sobre a produção dos biocombustíveis e está enviesada pela realidade dos países desenvolvidos e, de forma muito especial, pela produção de etanol nos EUA, cuja principal fonte de matéria- prima é o milho. Hoje, 37% do milho produzido nos EUA são destinados à produção de etanol. Neste caso, ele concorre com a cadeia produtiva de alimentos. No caso brasileiro a situação é bem distinta porque, mesmo que multiplicássemos por três a área que hoje se destina para a produção de cana de açúcar, saltaríamos dos 7,8 milhões de hectares para cerca de 20 milhões de hectares, representando

A ECONOMIA POLÍTICA DO ETANOL

25% de toda a área agrícola disponível, que é de 80 milhões de hectares. Isto, sem contar com a possibilidade de incorporar parte das terras utilizadas como pastagens e a liberação de terras dos pequenos e médios proprietários rurais e assentados da reforma agrária, na medida, em que puderem instalar micro destilarias em suas propriedades.

O Brasil talvez seja um dos poucos países que consegue de forma simultânea aumentar a produção de etanol e a produção de grãos, como ocorreu com a safra de 2007/2008. A produção de etanol alcançou 20.88 bilhões de litros, com um crescimento em relação à safra anterior de 9,7%. A produção de grãos bateu recorde, atingindo 139,6 milhões de toneladas, com um crescimento de 5,8% em relação ao ano anterior. O destaque foi a soja com uma produção de 59,7 milhões de toneladas e o milho, alcançando 55,3 milhões de toneladas. A agricultura brasileira demonstra, dessa forma, uma combinação virtuosa, capaz de aumentar a produção de biocombustíveis e de grãos, desmentindo os que querem transformar em vilão a agro energia.

Em um país como a China, ou mesmo na União Europeia, a realidade é outra, como já foi demonstrado também em relação aos EUA. A utilização de terras para a agro energia tem limites. A necessidade da produção de alimentos é um imperativo. Isso quando não existe um processo predatório de exploração da terra, sem observar as mínimas condições de manejo ambiental. É o que vem acontecendo em determinadas áreas na China sobrecarregadas por uma pressão populacional inusitada, o que leva a uma exploração que exaure toda a sua fertilidade e compromete seu uso a médio e longo prazo. Como resultado de uma estratégia

59

FERNANDO NETTO SAFATLE

de crescimento, a qualquer custo, imprimida por Deng Xiaoping, a China colhe desastres ambientais de dimensão tão colossais quanto sua população. Os números são alarmantes, como afirma Mark Leonard: "30% da China sofre com a chuva ácida, 75% dos lagos estão poluídos e os rios estão contaminados ou secos; e, quase 700 milhões de pessoas bebem água contaminada com dejetos humanos e animais".[8] A previsão é que em pouco tempo ficaremos perplexos com a observação de um novo fenômeno na China: os refugiados ambientais. Mais de 200 milhões de habitantes terão de migrar para outras regiões pelo simples fato de que as terras onde trabalhavam e desenvolviam suas atividades agrícolas terão sido levadas à exaustão e estarão desertificadas. Quem faz o alerta é simplesmente o ministro do Meio Ambiente da própria China, Pan Yue, à revista alemã *Der Spiegel*. É a dialética da natureza respondendo de forma dramática, mais uma vez, à exploração desenfreada e predatória dos recursos naturais.

---

8   Mark Leonard – *O que a China pensa?*

TRINTA ANOS DE PROÁLCOOL, AVANÇOS E RECUOS

A crise do petróleo de 1973 levou o país a procurar uma alternativa de combustível à gasolina, já que 80% do petróleo era importado. De janeiro de 1973 a janeiro de 1974, os preços do petróleo tiveram uma elevação de 322%. Naquela época, o então presidente da Petrobrás, Ernesto Geisel, iniciara estudos para encontrar uma saída para a crise do petróleo. Em 1975, já como presidente da República, Geisel assinou o Decreto n° 76.595, que fixava as diretrizes do Programa Nacional do Álcool (Proalcool).

O objetivo do decreto era incentivar a produção do etanol a partir de cana-de-açúcar, mandioca ou qualquer outra matéria-prima agrícola, procurando expandi-la através de novas destilarias ou da ampliação das existentes, para assim diminuir nossas vulnerabilidades externas, nossas importações de petróleo e modificar nossa matriz energética.[1] A Comissão Nacional do Álcool

---

1　A mistura de etanol à gasolina no Brasil não começou com a crise do petróleo e com o Proalcool. Durante a Segunda Guerra Mundial, o Brasil chegou a misturar até 42% de etanol carburante à gasolina. Quando o suprimento

FERNANDO NETTO SAFATLE

estabeleceu alguns objetivos e diretrizes que deveriam nortear o Proalcool:

a) economia de divisas com a redução da importação de petróleo;

b) redução das disparidades regionais de renda com a expansão da produção de etanol para as regiões de baixo nível de ocupação produtiva;

c) redução das disparidades individuais de renda através da geração de emprego nas atividades agrícolas;

d) crescimento da renda interna com uma ocupação mais intensiva da terra e ocupação de mão-de-obra;

e) expansão da indústria de bens de capital, impulsionada pelo efeito dinâmico do setor sucroalcooleiro.

A primeira destilaria autônoma de etanol entrou em funcionamento em 1978, na cidade de Teodoro Sampaio (SP), com capacidade total de 330 litros diários. Ainda em 1978, no dia 23 de outubro, surgiu o Decreto nº 82.476, que estabelecia normas de comercialização do etanol para fins carburantes definindo que seria faturado diretamente às companhias distribuidoras de derivados de petróleo. Em 1979, a Petrobrás instalou as cinco primeiras bombas de etanol na cidade de São Paulo. Nesse mesmo ano, a fábrica da Fiat, em Betim, lançou o primeiro modelo a usar o etanol puro, o *Fiat 147*.

---

de petróleo começou a se normalizar, depois da guerra, o país reduziu o percentual de mistura de etanol até chegar a 3% em todo o país; só com o Proetanol retomaria os índices de 25%.

64

A ECONOMIA POLÍTICA DO ETANOL

Ate então, o país contava apenas com cerca de uma centena de usinas produtoras de açúcar, produzindo simultaneamente em pequena quantidade o etanol. Essas usinas estavam localizadas no Nordeste e no Estado de São Paulo. A produção de etanol deslanchou a partir da oferta de financiamentos para que as usinas de açúcar pudessem instalar aparelhos de destilarias maiores e, assim, produzir também etanol. Mais de 180 novas unidades de produção foram criadas em várias regiões do país, de modo que pudessem ficar próximas dos centros consumidores. Entre 1975 e 1979 foram investidos US$ 2 milhões, com um crescimento de mais de 530% na produção de etanol e de 30% na produção de açúcar e um aumento significativo na geração de empregos.

Em 1979 ocorreu o segundo choque do petróleo. Os preços internacionais atingiram US$ 30,00 o barril, preço que se manteve em nível elevado durante a primeira metade dos anos 1980. Diante dessa conjuntura internacional desfavorável ao Brasil, que afetava sobremodo nossas contas externas, o governo resolveu dar um novo impulso ao Proalcool. Seus objetivos se modificaram, passando a estimular não só a produção do álcool anidro para ser misturado à gasolina, mas também a produção do álcool hidratado para ser usado como combustível alternativo à gasolina. O Estado do Paraná foi o que mais vigorosamente respondeu aos incentivos governamentais, tornando-se o segundo maior produtor nacional de etanol, atrás do Estado de São Paulo. A produção de álcool hidratado se multiplicou por treze, enquanto a produção de álcool anidro, nesta segunda fase do Proetanol, aumentou somente duas vezes.

Em 1986, ocorreu uma verdadeira febre do carro movido totalmente a etanol, chegando a 76% do total dos veículos vendidos naquele ano, segundo a Associação Nacional de Fabricantes de Veículos Automotores (Anfavea). O consumo de etanol superou o de gasolina. A produção de etanol atingiu 12 bilhões de litros na safra de 1986/87, superando a meta estabelecida pelo governo de 10 bilhões de litros. Mas nem tudo foram rosas no programa do etanol nesses últimos trinta anos. Durante esse período, deixou-se que um programa dessa magnitude e de interesse estratégico para o país se tornasse extremamente vulnerável aos interesses monopolistas, privados e estatais, que passaram a exercer o domínio em toda a sua cadeia produtiva, da produção à comercialização. Como consequência do Proalcool, a concentração fundiária e a produção em grande escala atingiram as unidades produtivas, varrendo de seu mapa a pequena propriedade, proletarizando a mão-de-obra e trazendo os problemas ambientais decorrentes dessa forma de produzir.

Em 1986, os preços internacionais do petróleo despencaram, caindo de US$ 40,00 para US$ 20,00 o barril. Os estímulos externos impulsionados pelos elevados preços do petróleo deixaram de existir. Por conseguinte, a produção interna dos combustíveis alternativos perdeu seu dinamismo e a produção de etanol entrou em estagnação. Em 1988, o presidente José Sarney assinou um decreto para eliminar de forma gradativa o subsídio do etanol. No ano seguinte, em 1989, o Proalcool enfrentou a primeira crise de desabastecimento de sua história, e o governo estabeleceu um racionamento. O consumidor brasileiro que embarcou de forma decidida no carro a etanol sofreu enormes prejuízos com o desabastecimento:

A ECONOMIA POLÍTICA DO ETANOL

não conseguia ter garantido seu suprimento de maneira continuada, ficando à mercê dos interesses dos usineiros, que diminuíam sua oferta na medida em que o mercado internacional do açúcar se mostrava muito mais favorável. Assim, o programa do etanol sofreu abalos, gerando uma enorme insegurança aos consumidores.

Como na época a indústria automobilística ainda não tinha desenvolvido a tecnologia do biocombustível, o carro era movido somente a etanol ou a gasolina, e o consumidor ficava submetido aos interesses dos produtores de etanol, que diminuíam a oferta nos postos de combustíveis ou mesmo aumentavam o seu preço, deixando então de ser vantajoso para o consumidor possuir um carro a etanol. Em 1990 as vendas de carros a etanol caíram para 13% do total. Em 1985, quando a produção de etanol alcançou seu pico, as vendas de carro a etanol tinham atingido 66,43% do total de carros comercializados. O programa do etanol mergulhou em profunda crise desde então.

A terceira fase do Proalcool foi marcada pela retração do Estado como fonte importante de financiamento e pela desregulamentação, com a extinção do Instituto do Etanol e Açúcar (IAA) e as medidas de liberalização dos preços. A desregulamentação do setor, tão decantada em prosa e verso pelo empresariado, não constituiu de fato um gesto de auto-suficiência plena, pois continuou a existir certa relação patrimonialista, como as medidas do governo para enxugar um excedente conjuntural de etanol no mercado através da adição de etanol à gasolina, a criação da frota-verde e outras ações correlatas.

De certa forma, a saída do governo da regulamentação do setor trouxe avanços importantes para o segmento sucroalcooleiro,

67

FERNANDO NETTO SAFATLE

possibilitando adotar mecanismos internos de negociação entre empregados e empregadores, fornecedores de cana e usineiros, segundo o poder de barganha de cada um deles. Por outro lado, a ausência do Estado não deixou de abrir espaço para o acirramento da concorrência no interior do complexo produtivo e para o avanço da concentração e da centralização do capital, criando as condições para que avançasse a estruturação de um mercado no qual predominam as práticas oligopolistas.

A evolução na produção do etanol

A produção de cana no Brasil, desde a safra de 1947/48 até os dias de hoje,[2] demonstra uma evolução crescente, saltando de um volume de 15 milhões de toneladas para 389 milhões de toneladas na safra de 2005/06. Esse crescimento da área plantada e da evolução do volume de produção alcançado durante todos esses anos se deveu, até a crise do petróleo, à produção de açúcar. Até 1977, a produção de álcool hidratado e anidro somavam apenas 664 milhões de litros/ano, enquanto, a produção de açúcar atingia 7.208 milhões de toneladas/ano. Quando eclode a crise do petróleo e inicia o Proalcool, a produção de álcool anidro mais que triplica

---

2 A cana-de-açúcar, originária do Sudeste Asiático, foi trazida para o Brasil por Martin Afonso de Souza, em 1532. Ela é cultivada em clima tropical, compreendida entre os paralelos 35º de latitudes Norte e Sul. As condições propícias para o cultivo da cana são onde se apresentam dois climas distintos: um quente e úmido para proporcionar a germinação, de modo a contribuir para o crescimento vegetativo; e, em sequência, um clima frio e seco, favorável para a maturação e acúmulo de sacarose.

A ECONOMIA POLÍTICA DO ETANOL

atingindo 1,1 bilhões de litros/ano e a produção de açúcar reduz sua participação para 54,16% da produção da cana. Nos dois anos subsequentes, a produção de etanol anidro continua dando um salto, pulando para um pouco mais de 2 bilhões de litros e alcançando na safra 79/80, 2,7 bilhões de litros/ano.

A produção de etanol conheceu um crescimento vertiginoso a partir do início dos anos 80, quando na safra de 85/86 a participação da produção de açúcar na quantidade de cana produzida cai para 27% do total. No entanto, a produção de etanol só atingiu um patamar elevado na safra de 91/92, alcançando 12,721 bilhões de litros. Nos anos subsequentes, a produção estabilizou-se em torno dos 12 bilhões de litros para, na safra de 97/98, alcançar seu mais alto patamar: 15 bilhões de litros.

Se considerarmos a safra de 79/80 como referência à produção de etanol total, temos em 97/98 um crescimento de 354%. A produção de etanol hidratado, nesse mesmo período, cresceu 1.327%, sempre tendo como referência o início da produção de etanol a partir da crise do petróleo. O etanol anidro também cresceu, mas em um percentual bem inferior, com uma taxa de 106%. A produção de açúcar cresceu 118,97% nesse mesmo período, de 79/80 a 1997/98.

A maior safra de etanol ocorrida em 97/98 foi devido à produção do Norte e Nordeste que produziu 2.163 bilhões de litros e o Centro-Sul 13.258 bilhões, segundo dados do MAPA, sendo 9,7 bilhões de litros de etanol hidratado e 5,6 milhões de litros de etanol anidro. No ano seguinte, o cenário seria outro, decorrente de preços bastante favoráveis no mercado internacional do açúcar. A produção de etanol despenca: em 2000/01, ela cai para 10.516 bilhões de litros.

69

A partir de 1999, com a recuperação dos preços internacionais do açúcar, os usineiros substituem grande parte da produção de etanol pela produção de açúcar. O desabastecimento provocado pelos usineiros no fornecimento de etanol no mercado interno cria um enorme descrédito do consumidor em relação ao carro a etanol. No auge do Proalcool, o percentual de carros a etanol chegou a atingir 85,5% em relação ao total de veículos comercializados e, em 1997, com os problemas decorrentes na oferta de etanol, caiu para apenas, 0,08% dos carros comercializados.

Inicia se em 1998, uma queda na produção de etanol como um todo e, em particular, um decréscimo na produção do etanol hidratado, enquanto se sustenta à produção de etanol anidro e cresce a produção de açúcar. Somente a partir da safra de 2001/02 o etanol retoma a sua curva de crescimento, com o advento do carro bi-combustível. Graças a isto, a safra de 2005/06 será de mais de 9 bilhões de litros ano, conseguindo, novamente superar a produção de etanol anidro.

A ECONOMIA POLÍTICA DO ETANOL

TABELA 8 – DADOS CONSOLIDADOS DA PRODUÇÃO SUCROALCOOLEIRA NO BRASIL POR ANO SAFRA

PERIODO	Cana Moída (t)			Álcool (m³)			Açúcar (t)
	Própria	Fornecedores	TOTAL	Anidro	Hidratado	TOTAL	TOTAL
SAFRA: 48/49	8.535.270	7.132.275	15.667.545	-	-	-	1.414.704
SAFRA: 49/50	7.394.756	6.045.707	13.440.463	-	-	-	1.268.345
SAFRA: 50/51	8.467.081	7.015.495	15.482.576	-	-	-	1.489.020
SAFRA: 51/52	8.864.129	8.092.711	16.956.840	47.997	122.365	170.362	1.595.706
SAFRA: 52/53	10.456.212	9.663.392	20.119.604	99.154	130.389	229.543	1.848.096
SAFRA: 53/54	11.039.010	11.020.875	22.059.885	139.506	129.533	269.039	2.002.496
SAFRA: 54/55	11.927.865	11.740.239	23.668.104	168.490	137.755	306.245	2.134.037
SAFRA: 55/56	12.363.419	11.215.694	23.579.113	165.837	117.352	283.189	2.127.784
SAFRA: 56/57	12.904.617	11.473.705	24.378.322	104.412	147.975	252.387	2.254.759
SAFRA: 57/58	15.242.603	14.651.216	29.893.819	245.098	153.719	398.817	2.662.605
SAFRA: 58/59	18.265.420	17.977.932	36.243.352	281.727	154.584	436.311	3.231.454
SAFRA: 59/60	16.796.425	17.593.212	34.389.637	302.159	169.885	472.044	3.051.782
SAFRA: 60/61	18.562.728	17.985.706	36.548.434	175.289	281.013	456.302	3.260.920
SAFRA: 61/62	18.396.369	18.049.227	36.445.596	206.196	221.324	427.520	3.385.946
SAFRA: 62/63	16.770.034	16.546.518	33.316.552	101.142	242.575	343.717	3.064.701
SAFRA: 63/64	17.330.143	18.078.427	35.408.570	96.089	309.387	405.476	3.098.650
SAFRA: 64/65	19.099.902	20.827.056	39.926.958	110.231	276.731	386.962	3.565.239
SAFRA: 65/66	21.835.202	28.341.537	50.176.739	336.274	266.433	602.707	4.558.836
SAFRA: 66/67	22.306.610	25.040.441	47.347.051	382.127	345.351	727.478	4.115.837
SAFRA: 67/68	23.111.411	24.942.968	48.054.379	358.496	317.766	676.262	4.215.588
SAFRA: 68/69	22.737.438	20.864.127	43.601.565	143.309	330.336	473.645	4.111.744
SAFRA: 69/70	24.431.823	22.554.070	46.985.893	100.444	361.165	461.609	4.332.853
SAFRA: 70/71	29.697.915	27.379.496	57.077.411	252.317	384.833	637.150	5.119.866
SAFRA: 71/72	31.125.873	29.409.270	60.535.143	389.948	223.120	613.068	5.386.635
SAFRA: 72/73	33.801.108	34.068.950	67.870.058	388.891	292.081	680.972	5.932.698
SAFRA: 73/74	38.113.739	37.725.059	75.838.798	306.215	359.763	665.979	6.683.180
SAFRA: 74/75	39.312.756	35.195.887	74.508.643	216.528	378.457	594.985	6.720.846
SAFRA: 75/76	37.193.882	31.128.737	68.322.619	232.621	323.006	555.627	5.887.832
SAFRA: 76/77	44.921.579	42.905.085	87.826.664	300.340	363.982	664.322	7.208.502
SAFRA: 77/78	54.115.697	50.518.098	104.633.795	1.176.948	293.456	1.470.404	8.307.942
SAFRA: 78/79	52.675.183	54.951.194	107.626.377	2.095.597	395.006	2.490.603	7.342.718
SAFRA: 79/80	59.373.178	53.272.245	112.645.423	2.715.381	681.071	3.396.452	6.646.226
SAFRA: 80/81	65.295.196	58.385.401	123.680.597	2.105.289	1.601.086	3.706.375	8.100.269
SAFRA: 81/82	65.114.308	67.772.034	132.886.342	1.453.098	2.787.025	4.240.123	7.935.321
SAFRA: 82/83	79.765.724	86.412.868	166.178.592	3.549.405	2.273.634	5.823.039	8.857.127
SAFRA: 83/84	96.404.041	100.338.900	196.742.941	2.469.443	5.394.803	7.864.246	9.086.084
SAFRA: 84/85	125.086.483	77.781.272	202.867.755	2.102.585	7.089.744	9.192.329	8.818.155
SAFRA: 85/86	139.979.016	83.227.251	223.206.267	3.273.201	8.658.398	11.931.599	7.819.255
SAFRA: 86/87	141.110.125	86.765.721	227.875.846	2.163.469	8.343.243	10.506.712	8.157.204
SAFRA: 87/88	143.171.908	81.325.642	224.497.550	1.982.414	9.475.982	11.458.396	7.985.222
SAFRA: 88/89	132.062.628	88.041.752	220.104.380	1.716.490	9.928.392	11.644.882	8.070.184
SAFRA: 89/90	133.741.406	89.160.937	222.902.343	1.452.625	10.467.850	11.920.475	7.214.049
SAFRA: 90/91	133.457.496	88.971.664	222.429.160	1.286.568	10.228.583	11.515.151	7.365.341
SAFRA: 91/92	137.533.346	91.688.897	229.222.243	1.986.794	10.735.439	12.722.233	8.530.462
SAFRA: 92/93	134.075.920	89.383.946	223.459.866	2.216.385	9.513.106	11.729.491	9.264.149
SAFRA: 93/94	123.921.310	82.614.206	206.535.516	2.522.589	8.769.596	11.292.185	9.162.135
SAFRA: 94/95	144.520.675	96.347.116	240.867.791	2.873.470	9.892.440	12.765.910	11.700.465
SAFRA: 95/96	144.697.685	105.178.890	249.876.575	3.057.557	9.659.202	12.716.759	12.651.084
SAFRA: 96/97	200.140.178	89.380.344	289.520.522	4.629.340	9.801.109	14.430.449	13.631.888
SAFRA: 97/98	206.717.827	95.480.689	302.198.516	5.699.719	9.722.534	15.422.253	14.847.044
SAFRA: 98/99	215.444.887	100.195.910	315.640.797	5.679.998	8.246.823	13.926.821	17.960.587
SAFRA: 99/00	211.352.494	98.770.290	310.122.784	6.140.769	6.936.996	13.077.765	19.380.197
SAFRA: 00/01	173.559.726	81.361.995	254.921.721	5.584.730	4.932.805	10.517.535	16.020.340
SAFRA: 01/02	191.936.935	100.392.206	292.329.141	6.479.187	4.988.608	11.467.795	18.994.363
SAFRA: 02/03	200.894.322	115.227.428	316.121.750	7.009.063	5.476.363	12.485.426	22.381.336
SAFRA: 03/04	228.428.646	128.682.237	357.110.883	8.767.898	5.872.025	14.639.923	24.944.434
SAFRA: 04/05	230.724.931	150.722.171	381.447.102	8.172.488	7.035.421	15.207.909	26.632.074
SAFRA: 05/06	232.462.389	150.019.613	382.482.002	7.663.245	8.144.939	15.808.184	26.214.391

Fonte: MAPA

Por outro lado, as exportações de açúcar conhecem um crescimento vigoroso a partir de 1995, com preços médios ascendentes até 1999, o que, de certa forma, explica a queda na produção de etanol neste período, conjugado com um novo cenário internacional de queda dos preços do petróleo. O volume de exportações de açúcar retoma seu nível de crescimento a partir de 2004, concomitante com a retomada dos preços médios das exportações, conforme demonstra a tabela abaixo.

Ano	Quantidade (mil ton)	Valor (milhões de U$$)	Preço Médio U$$/t
1989	549	147,15	267,84
1990	928	325,70	351,58
1991	978	256,24	361,95
1992	1.344	329,82	245,42
1993	2.148	550,06	256,07
1994	2.743	787,86	287,23
1995	4.800	1450,65	302,21
1996	5.378	1.608,74	299,14
1997	6.376	1.772,45	278,00
1998	8.371	1.943,44	232,15
1999	12.100	1.910,69	157,91
2000	6.502	1.199,11	184,41
2001	11.173	2.279,06	203,98
2002	13.354	2.093,64	156,78
2003	12.914	2.140,00	165,71
2004	15.764	2.640,23	167,49
2005	18.147	3.918,79	215,95
2006	18.870	6.166,00	326,76

Nos anos recentes, mais precisamente a partir da safra 2000/2001, há uma evolução da produção de cana para todos os usos, saltando de 326,1 milhões de toneladas, para 456,0 milhões de toneladas em 2006/2007, ou seja, um crescimento de 40%. A área plantada, por sua vez, também cresceu de 4,88 milhões de hectares, em 2000/20001, para 6,16 milhões de hectares, em 2006/2007.

Outro dado interessante é o aumento de produção de etanol por tonelada de cana no mesmo período, evoluindo de 78,6 litros por tonelada, para 81,6 litros por tonelada, em 20006/2007. Em relação à produção de cana por hectare também se observa um aumento no período, de 5,23 mil litros, para 6,00 mil litros por hectare, refletindo, por conseguinte, ganhos de produtividade alcançada na parte agrícola, segundo dados do MAPA.

O gráfico abaixo ilustra a curva de crescimento da produção do etanol a partir de 1978/79.

GRÁFICO 9 - EVOLUÇÃO DA PRODUÇÃO BRASILEIRA DE ÁLCOOL

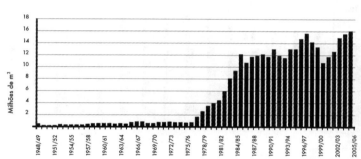

O gráfico abaixo demonstra o crescimento da produção do etanol hidratado a partir do advento do carro bi-combustível, em 2001.

GRÁFICO 10 - EVOLUÇÃO DA PRODUÇÃO BRASILEIRA POR TIPO DE ÁLCOOL

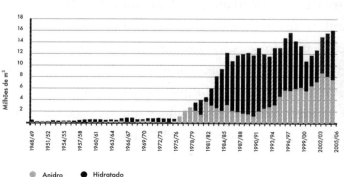

● Anidro   ● Hidratado

Em 2005/2006 a produção atinge mais de 16 bilhões de litros de etanol. É interessante constatar ao longo de todo o processo de produção de etanol no Brasil, dos anos 90 até os dias de hoje, como se deu a evolução da produção do etanol hidratado em relação ao etanol anidro, passando a superá-lo em volume de produção, a partir do ano 2005/06, quando ocorre o avanço no mercado do carro *flex*.

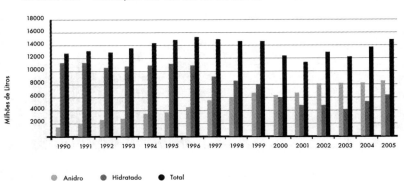

GRÁFICO 23 – EVOLUÇÃO DO CONSUMO BRASILEIRO DE ÁLCOOL COMBUSTÍVEL

O gráfico abaixo ilustra de outra forma a evolução da quantidade de cana moída, a produção de açúcar e de etanol hidratado e anidro, produzidos desde a safra de 1970/71 até a safra de 2006/07, realçando a queda percentual que ocorreu durante estes anos na participação da cana na produção do açúcar, obtendo seus índices mais baixos quando aconteceu a produção recorde de etanol anidro, de 1986 a 1992/93. A partir de mudanças no mercado internacional do açúcar, o percentual de cana destinado ao açúcar retoma a curva ascendente alcançando um pouco mais de 50% na safra 2006/07.

A ECONOMIA POLÍTICA DO ETANOL

O consumo de etanol no mercado interno tem se mostrado consistente, apesar das oscilações ocorridas nos anos de desabastecimento na oferta, com uma queda acentuada do consumo de etanol hidratado em meados dos anos 90. Entretanto, como mostra a tabela abaixo, na medida em que ocorre uma queda no consumo interno do etanol hidratado, inicia-se um processo de aquecimento da demanda do etanol anidro, devido, claro, à política governamental de aumentar o percentual de mistura do etanol à gasolina. No Brasil é único país onde se mistura 25% do etanol a gasolina. O consumo interno de etanol total, portanto, não sofre grandes abalos, permanecendo em patamares razoáveis.

Período	Anidro (milhões de m3)	Hidratado (milhões de m3)	Total (milhões de m3)
1990	1.278	11.112	12.390
1991	1.647	10.939	12.586
1992	2.226	10.085	12.311
1993	2.550	10.445	12.995
1994	3.251	10.685	13.936
1995	3.491	11.021	14.512
1996	4.205	10.760	14.965
1997	5.149	9.196	14.345
1998	5.572	8.661	14.233
1999	6.272	7.968	14.240
2000	5.933	6.453	12.386
2001	6.139	5.444	11.583
2002	7.336	5.179	12.515
2003	7.392	4.520	11.912
2004	7.591	5.700	13.291
2005	7.775	6.214	13.989

Hoje, com o avanço nas vendas do carro flex no mercado interno o consumo de etanol ganhou estabilidade e a produção evoluiu atingindo na safra de 2006/07 17.932 bilhões de litros; na safra 2007/08 23.007 bilhões de litros; e, na safra de 2008/09 26.950 bilhões de litros, segundo dados da CONAB.

As condições de produção e produtividade da cana

No Brasil, o processo de produção corrente é, primeiramente, fazer o etanol hidratado, depois, caso se queira fabricar o anidro, o etanol é levado para a segunda coluna de destilação, que lhe retira o restante da água. O etanol hidratado tem 93% de etanol e 7% de água, sendo utilizado para mover os carros a etanol. O etanol anidro, mais puro, com 99,9% de etanol, é usado na mistura de 20% a 25% à gasolina, conforme a necessidade do mercado. As características da cultura da cana no Brasil possuem um ciclo médio de cinco anos, com cinco cortes e uma produtividade média de 81,2,0 toneladas de cana por hectare, segundo dados do MAPA para a safra de 2006/07 (os dados da FAO são de 72,99 toneladas para a safra de 2005). Essa média é condicionada pela alta produtividade alcançada na região Sudeste, especialmente na região de São Paulo, que eleva a média, alcançando uma produtividade de até 120 toneladas por hectare. Em algumas regiões do Nordeste, entretanto, esta produtividade situa-se em 65 toneladas por hectares, conforme tabela abaixo. Os outros dados demonstram o rendimento médio de açúcar por tonelada de cana (138 kg/ton), e da produção do etanol, que segundo os dados do MAPA alcançam em média 82 L/ton.

O Brasil é o maior produtor de cana de açúcar do mundo, tendo uma área plantada, na safra de 2008/2009, de 7.8 milhões de hectares e uma produção de 622 milhões de toneladas. Contudo, para efeito comparativo entre produtividades médias entre os países produtores, os dados da FAO são de 2005 e, neste sentido, a área plantada era de 5.794 hectares e uma produção

A ECONOMIA POLÍTICA DO ETANOL

de 422.926 de milhões de toneladas. O segundo país em produção naquele ano é a Índia, somando um total de 232.300 milhões de toneladas, em uma área de 3.602 hectares. A produtividade média no Brasil é maior entre os países que mais produzem cana atingindo 72.99 toneladas por hectare, segundo dados da FAO, em 2005. Na Índia, sua produtividade chega a 64,49 ton/hec.

Há países que obtém uma produtividade média maior, como o Sudão e Peru, alcançando um pouco mais de 100 toneladas de cana por hectare, entretanto, suas produções são extremamente pequenas, não ultrapassando sete milhões de toneladas de cana por ano. Pelo volume de produção obtido e pela diversidade de seu território, com clima e solo diferenciado, com produtividade que vão de 65 ton/hec até regiões onde se obtém 120 ton/hec, o Brasil consegue alcançar um nível de produtividade média da cana, acima da média internacional – 68,88 tonelada de tonelada de cana/hec – com vantagens competitivas a nível internacional.

O quadro abaixo mostra os principais países produtores de cana e suas respectivas produtividades.

FERNANDO NETTO SAFATLE

TABELA 7 – PRINCIPAIS PAÍSES PRODUTORES DE CANA-DE-AÇÚCAR/ 2005

	País	Produção de Cana de Açúcar (mil ton)	Área Colhida (mil ha)	Produtividade (ton cana/ ha)
1	Brasil	422.926	5.794	72,99
2	Índia	232.300	3.602	64,49
3	China	87.768	1.361	64,49
4	Paquistão	47.244	967	48,86
5	México	45.195	636	71,06
6	Tailândia	43.685	1.097	39,80
7	Colômbia	39.849	426	93,54
8	Austrália	37.822	434	87,15
9	Indonésia	29.505	435	67,83
10	EUA	25.308	373	67,85
11	África do Sul	21.265	425	49,68
12	Filipinas	20.795	369	56,36
13	Argentina	19.300	305	63,28
14	Guatemala	18.500	190	97,37
15	Egito	17.091	135	126,60
16	Vietnã	14.731	266	55,35
17	Cuba	11.600	517	22,44
18	Venezuela	9.654	140	68,96
19	Sudão	7.156	70	102,66
20	Mianmar	6.937	401	17,30
21	Equador	6.834	94	72,70
22	Peru	6.765	62	109,11
23	Bangladesh	6.765	175	38,66
24	Honduras	5.565	76	74,01
25	Bolívia	5.112	108	47,33
26	Ilhas Maurício	4.984	68	73,29
27	Erp. Dominicana	4.858	85	57,15
28	Quênia	4.801	57	84,23
29	Irã	4.723	55	85,87
30	El Salvador	4.405	54	81,57
31	Paraguai	3.820	74	51,62
32	Nicarágua	3.817	46	82,98
33	Costa Rica	3.616	48	75,33
34	Zimbabue	3.290	43	76,51
35	Guiana	3.000	49	61,22

A ECONOMIA POLÍTICA DO ETANOL

Dadas as condições extremamente favoráveis de terras e clima e pelas suas dimensões continentais, o Brasil dispõe de dois períodos de safra distintos. Enquanto a safra no Centro-Sul é colhida entre os meses de junho a novembro, a do Nordeste dá-se nos meses de novembro a abril. Essa particularidade permite ao país ter uma oferta de etanol praticamente durante todo o ano, com a vantagem de poder compensar um prejuízo de safra que porventura possa ocorrer em uma região em relação à outra. Poderia-se, nesse sentido, dentro de uma visão macro, afirmar que a produção de etanol não se constitui um produto de colheita sazonal, o que seria, mais uma vantagem comparativa importante para a produção de etanol no Brasil. Entretanto, dado o peso da produção do Nordeste, significando apenas 17% no conjunto da produção nacional, o argumento de que o etanol não constitui um produto sazonal perde consistência.

As usinas instaladas no Brasil ganharam um grau de flexibilidade enorme no seu processo de produção, podendo simultaneamente produzir etanol anidro, hidratado e açúcar. Dados da ÚNICA, em 2006, existem 335 usinas fabricando etanol, das quais 234 produzem etanol anidro e hidratado. A projeção para 2012 é que deverão acrescer 77 novas usinas alcançando um total de 412 plantas, com um investimento de US$ 12,2 bilhões.

Os estímulos sinalizados pelo mercado do etanol, tanto interno quanto externo, têm provocado um incentivo ao rápido desenvolvimento tecnológico na sua produção. O País conheceu ganhos de produtividade na produção agrícola e também avançou no conhecimento da produção industrial. Em pouco tempo obteve resultados demonstrando a competitividade do etanol em

79

FERNANDO NETTO SAFATLE

relação à gasolina. Com apenas um hectare de terra cultivada se produz na região do sudeste, 85 toneladas de cana, o que equivale a 60 barris de petróleo. Os dados recentes da safra 2008/09 garantem de 7,8 milhões de hectares de cana-de-açúcar plantados o que representa o equivalente a produção de 493,1 milhões de barris de petróleo, correspondendo a mais de 80% do que o país consome anualmente (612,0 milhões de barris de petróleo).

TABELA 3 – ÁREA DE PRODUÇÃO (PLANTADA E COLHIDA) E PRODUTIVIDADE DE CANA-DE-AÇÚCAR: 1975-2006

Ano	Área (milhões de hectares)		Produção	Rendimento
	Área Plantada	Área Colhida	(milhões de toneladas)	(t/ha)
1975	1,90	1,90	88,92	46,52
1976	2,08	2,08	102,77	49,43
1977	2,27	2,27	120,01	52,93
1978	2,39	2,39	129,06	54,04
1979	2,51	2,51	139,27	54,79
1980	2,61	2,61	144,23	56,09
1981	2,60	2,60	153,75	54,66
1982	3,08	3,08	186,38	60,41
1983	3,41	3,41	214,45	62,16
1984	3,65	3,65	241,33	62,55
1985	3,90	3,90	245,54	63,22
1986	3,95	3,95	238,47	40,44
1987	4,35	4,31	265,55	62,31
1988	4,15	4,12	258,45	62,76
1989	4,01	4,07	252,29	62,02
1990	4,29	4,27	262,60	61,49
1991	4,24	4,21	260,84	61,94
1992	4,20	4,20	271,43	64,61
1993	3,97	3,85	337,20	69,10
1994	4,38	4,34	292,07	67,23
1995	4,62	4,57	303,58	66,49
1996	4,90	4,83	325,93	67,52
1997	4,95	4,88	337,20	69,10
1998	4,82	4,82	325,33	67,51
1999	5,99	4,97	338,97	68,18
2000	4,65	4,65	331,71	65,41
2001	5,92	4,95	344,23	69,44
2002	5,21	5,10	363,72	71,31
2003	5,38	5,37	389,85	72,58
2004	5,57	5,53	415,25	73,88
2005	5,62	5,75	419,55	72,83
2006	7,04	6,19	457,98	74,05

A ECONOMIA POLÍTICA DO ETANOL

GRÁFICO 3 - EVOLUÇÃO DA ÁEREA DE PRODUÇÃO
E DA PRODUTIVIDADE BRASILEIRA DE CANA-DE AÇÚCAR

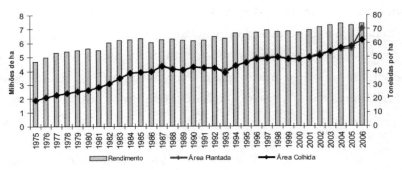

A tabela e o gráfico acima demonstram a curva de crescimento de produtividade obtida pela cana de açúcar desde os anos de 1975 até 2006, ganhando rendimentos crescentes por área plantada e área colhida. Em 1975, a produtividade por hectare atingia 46,8 toneladas/ha. Em 2006, com o desenvolvimento tecnológico obtido, a produtividade quase dobrou, alcançando uma média nacional de 74 ton/ha.

O aumento na produção de etanol foi resultado não somente da expansão da área de produção agrícola e os avanços conseguidos na sua produtividade, mas também dos notórios avanços tecnológicos na produção do etanol. Os indicadores da tabela abaixo revelam em todo o processo de produção industrial os ganhos de produtividade desde o início do lançamento do programa do etanol, nos meados da década de 1970, até os dias de hoje. Os resultados da evolução tecnológica estão focados, no quadro abaixo, na parte industrial. Mesmo assim, como se podem observar, os ganhos de produtividade são visíveis no aumento da capacidade de moagem, na redução do tempo de fermentação, nos ganhos dos litros de etanol extraído por tonelada de cana, na redução do consumo a vapor e na redução do bagaço excedente e da produção da vinhaça. São ganhos de produtividade relevantes obtidos no processo de produção do etanol hidratado e anidro que o setor conseguiu conquistar nestes últimos trinta anos, desde o início do Proalcool.

RESULTADOS DA EVOLUÇÃO TECNOLÓGICA

	Início do Proálcool	Hoje
Capacidade de moagem TCD	5.500	13.000
Tempo de fermentação (h)	24	4 - 6
Teor alcoólico do vinho (°GL)	7,5	10.0
Rend. Extração (% aç. cana)	93	97
Rendimento fermentativo (%)	80	91
Rendimento da destilação (%)	98	99.5
Rend. Total (l álc. hidr./t cana)	66	86
Consumo total de vapor (kg/t cana)	600	380
Consumo de vapor-hidratado (Kg/l)	3,4	2.0
Cons. vapor-anidro (Kg/l)	4,5	2.8
Eficiência de caldeira (% PCI)	66	87
Bagaço excedente (%)	até 8	até 78
Metano a partir da vinhaça - (NM3 metano por litro de álcool)	–	0.1
Produção de vinhaça (l vinhaça/l álcool)	13	0.8

Fonte: Seminário BNDES – Agosto de 2003

É claro que na medida em que foi obtendo uma evolução tecnológica não só no processo industrial como também na parte agrícola, o setor foi reduzindo seus custos de produção e ganhando competitividade no mercado interno e externo. Os investimentos que têm sido realizados nos últimos anos na pesquisa e desenvolvimento

A ECONOMIA POLÍTICA DO ETANOL

tecnológico com novas variedades de cana, o processo de hidrólise, a possibilidade de uso da ponta da cana e do bagaço na produção de etanol certamente vão gerar um novo salto de produtividade e melhorar ainda mais os indicadores de aproveitamento da cana em relação a outras fontes de matéria-prima.

O desenvolvimento tecnológico caminha em uma grande velocidade e novos projetos estão saindo do forno e começam a ser testados na prática à tecnologia dos difusores, que deverão substituir as tradicionais moendas, ainda usadas na maioria das usinas. O difusor nada mais é que um sistema onde a extração da sacarose, o caldo de cana-de-açúcar, é feita através da percolação, ou seja, do contato da cana já triturada e picada com uma água quente a quase 90 graus que é constante bombeada. Nas moendas a cana é moída e o caldo é fruto desse atrito da planta nas gigantes estruturas de ferro fundido. As vantagens desse sistema são várias: a extração do caldo de cana é 3% ou 4% maior do que nas moendas – o que faz grande diferença num projeto de milhões de toneladas; o custo de manutenção é baixíssimo, além de gerar energia, consumindo uma parte e comercializando o restante no sistema. Essa nova tecnologia vem sendo denominada como a "usina do futuro", segundo a empresa Ethanol Systems.

O gráfico abaixo procura sintetizar as quatro fases que vêm conhecendo a produção de etanol no Brasil durante os últimos 30 anos. Na década de 60, a produção de cana tinha uma destinação exclusiva para a produção de açúcar. Com a crise do petróleo, o Brasil iniciou a produção de etanol, como alternativa ao petróleo. A fase seguinte foi caracterizada pela crise na produção de etanol em decorrência do boom verificado nas exportações do açúcar.

83

Por último, a quarta fase, fortemente influenciada pelo ambiente externo (Protocolo de Kyoto e as metas de redução das emissões de gás carbônico, a alta dos preços do petróleo) e, em nível interno, pelo advento do carro *flex*.

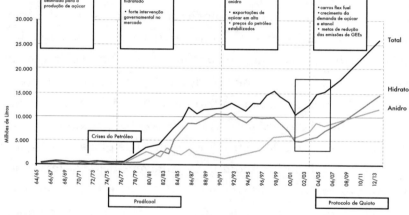

Durante estes últimos trinta anos de vigência do Proetanol não se pode deixar de registrar uma condução da política estratégica de forma errática conhecendo altos e baixos, nas quatro fases que demarcam os ciclos de produção do etanol, oscilando sua produção, principalmente, ao sabor do mercado internacional do petróleo e dos preços internacionais do açúcar. Agora, com as novas descobertas na camada do pré-sal dobrando a nossa produção de petróleo espera-se que não se modifique mais uma vez a política governamental em relação ao programa do etanol. O Brasil dispõe de uma matriz energética ricamente diversificada podendo simultaneamente aumentar a participação crescentemente com a energia limpa no consumo interno e disponibilizar para o mercado externo o fornecimento de petróleo e etanol. Essa política de forma combinada de aumento progressivo na nossa matriz energética de energia limpa com aumento da produção de petróleo e gás, sobretudo, visando o mercado internacional asseguraria indubitavelmente um desenvolvimento sustentável do ponto de vista ambiental e socialmente ao país.

Diante de um processo recente de acumulação de capital de forma intensiva e da combinação dos fatores externos e internos que estimulam e impulsionam a demanda por etanol, as perspectivas da produção do etanol são crescentes. Nenhum outro segmento da economia brasileira consegue produzir dois produtos diferentes de forma competitiva e auferir preços e mercados extremamente vantajosos para ambos. Ou, ainda, ter a capacidade de operar com um, ou com o outro, compensando, com ganhos de um, se porventura tiver perda com o outro.

PRODUÇÃO DE ETANOL (2008/2009)

Cana-de-açúcar	622 milhões ton
Área plantada	7,8 milhões de há
Açúcar	31,6 milhões ton
Etanol	26,7 bilhões de litros
Empregos diretos	1,0 milhão
Empregos indiretos	
Futuro – 2012	
Cana-de-açúcar	1,0 bilhão ton
Área plantada	10-12 milhões de há
Etanol	48 bilhões de litros

Fonte: MAPA/CONAB-Abril de 2009

FERNANDO NETTO SAFATLE

Apesar de a crise global impor um freio nos projetos de expansão de açúcar e de etanol, o Ministério da Agricultura e a CO-NAB faz projeções para a safra de 2012/013 da produção de etanol alcançando 48 bilhões de litros.[3] Ora, se considerarmos que os atuais 27 bilhões de litros de etanol conseguem gerar três milhões de empregos diretos e indiretos, as projeções de produção para 2012/2013 poderiam gerar cerca de cinco milhões de empregos diretos e indiretos, o que significa um impacto extremamente positivo, em se tratando de um segmento indutor do desenvolvimento ligado ao mundo rural. É de se ressaltar que poucos países no mundo teriam essa capacidade de combinar uma constelação de fatores de produção capaz de gerar no mundo rural milhares de empregos diretos e indiretos produzindo um efeito multiplicador extraordinário na economia como um todo.

Entretanto, o potencial de expansão da produção de etanol está relacionado a dois importantes fatores, um externo e outro interno. O fator de origem externa que bloqueia a expansão da produção do etanol são os entraves e as regulamentações impostas pelas práticas protecionistas que vigoram no mercado internacional. Contudo, o que impulsiona e dá sustentação ao aumento da produção do etanol é o mercado interno, especialmente, com o advento do carro flex. Por outro lado, a expansão da produção do etanol poderia ser impulsionada substancialmente sem a prevalência de uma legislação que engesse a comercialização do etanol, o que acaba por direcionar a natureza da estrutura de mercado onde predomina somente a grande produção.

---

3 *Revista de Política Agrícola* – MAPA

A ECONOMIA POLÍTICA DO ETANOL

Essa estrutura de mercado alimenta a concentração da produção regional. Isto estabelece uma variação de preços no abastecimento de etanol nos vários níveis das regiões do país. Assim, no Centro-Sul, onde está concentrada mais de 80% da produção de etanol, os preços para o consumidor são mais compensadores do que no Norte-Nordeste. Com essa disparidade, a expansão do consumo de etanol se dá de uma forma mais concentrada e o mercado interno não se amplia distribuindo seu crescimento regionalmente. Por outro lado, a estrutura de mercado oligopolizada administra como lhe convém a produção de etanol e de açúcar. Assim, se deu quando foi de interesse dos oligopólios incentivarem a produção do etanol em detrimento do açúcar ou quando a combinação de fatores se inverteu e houve a queda nos preços internacionais do petróleo e a melhora dos preços internacionais do açúcar, diminuindo, assim, a produção do etanol em favor da produção do açúcar. A estrutura de mercado que prevalece na produção do setor sucroalcooleiro e no segmento de distribuição de petróleo contribui como agente facilitador da manipulação de preços e práticas oligopolísticas de mercado, o que de certa forma, acaba também por contribuir para retirar, ou melhor, minimizar o papel estratégico que deveria ter a produção da biomassa, limpa e sustentável.

A CONCENTRAÇÃO REGIONAL DA PRODUÇÃO DO ETANOL

O desenvolvimento econômico não se realiza de forma homogênea pelas regiões brasileiras. Algumas regiões crescem mais do que outras, enquanto, outras muitas vezes nem crescem, permanecendo estagnadas e deprimidas. O processo de concentração e centralização do capital também se materializa espacialmente aparecendo como fenômeno de acentuado desequilíbrio no desenvolvimento regional.

Em cada época, dependendo do segmento econômico que alavancava dinamicamente a economia brasileira, o país conhecia o crescimento de umas regiões e o crepúsculo de outras. Assim foi na época do ciclo do açúcar, do ouro, do café, da substituição de importações e, mais recentemente, da indústria automobilística. Cada uma conseguia a seu modo, dependendo da sua capacidade de estabelecer um determinado grau de integração com outros segmentos econômicos, ampliar e arrastar outras regiões para participar do seu crescimento. Essa dinâmica dependia tanto das características do segmento econômico que estava impulsionando a economia naquele momento histórico quanto de onde se localizava o poder de irradiação de seu centro dinâmico: se fora do país, como economia exportadora de produtos primários, se dentro, como economia sustentada na demanda do mercado interno.

O mapa da figura abaixo mostra a distribuição regional da produção de cana-de-açúcar em 2003, para produção de açúcar e de etanol. A maior concentração da produção é na região Sudeste, com uma participação de 66,45% na produção total; em segundo lugar, é a região Nordeste, com 17,14% da produção; em terceiro, a região Sul, com 8,20%; em penúltimo, a região Centro-Oeste, com 7,97% da produção nacional; e, em último, com 0,24%, a região Norte.

PRESENÇA EM 2000: 452 MICRORREGIÕES

Produção (milhões de t)	
Norte	0,8
Nordeste	57,4
Sudeste	222,4
Sul	27,5
C.Oeste	26,7
Brasil	334,8

0,24%

17,14%

7,97%

66,45%

8,20%

FONTE: IBGE/Embrapa, 2003

Seminário BNDES – Agosto de 2003

A ECONOMIA POLÍTICA DO ETANOL

A distribuição, segundo as grandes regiões da produção de etanol anidro e hidratado, contempla o Centro-Oeste com 1,7 bilhão de litros e a região Sudeste com 9,9 bilhões de litros, de um total produzido no país, na safra de 2004, de 14,6 bilhões de litros. A região Norte, nesta mesma safra, produziu apenas 47,5 milhões de litros; a região Sul, 1,1 bilhão de litros; e, a região Nordeste, 1,6 bilhão de litros.

O crescimento ou declínio da produção nas macrorregiões, por outro lado, não mostra um fenômeno que está ocorrendo intra – regionalmente. Na macrorregião do Nordeste ocorrem fenômenos diversos: alguns estados observam um crescimento vertiginoso de sua produção de etanol, enquanto outros têm um declínio de sua produção. Esse é o caso, por exemplo, do Estado de Alagoas, que conheceu na safra 2004 um crescimento de 23,70% em relação a 2003, enquanto o Estado do Ceará viu cair sua produção de etanol em 51,74%. O mesmo ocorre na macrorregião do Sudeste: enquanto no Estado do Rio de Janeiro sua produção cresce em 53,9%, o Estado de Minas Gerais diminui sua produção em – 3,44% na safra de 2004 em relação a 2003.

A tabela abaixo mostra a evolução da produção de etanol anidro e hidratado, de 1995 a 2004, distribuindo sua produção pelas Grandes Regiões e Unidades da Federação. Nestes últimos dez anos a distribuição da produção de etanol anidro e hidratado, conforme demonstra a tabela, em nada se modificou, mantendo, basicamente, a sua proporcionalidade e o grau de concentração na macrorregião do Sudeste.

95

PRODUÇÃO DE ÁLCOOL ETÍLICO, ANIDRO E HIDRATADO (MIL M3)

Unidades da Federação	1995	1996	1997	1998	1999	2000	2001	2002	2003	2004	%
Total	12.145,55	14.133,32	15.493,42	14.122,11	12.981,92	10.700,25	11.465,97	12.588,62	14.469,95	14.647,25	1,23
Região Norte	33,35	27,21	32,91	16,81	19,83	35,81	28,79	30,32	39,39	47,53	20,68
Amazonas						3,71	2,81	3,89	4,38	4,67	6,77
Pará	15,26	16,53	16,24	15,55	19,83	32,11	25,98	26,43	35,01	42,86	22,42
Tocantins	18,09	10,67	16,68	1,26							
Região Nordeste	1.841,42	1.922,14	2.412,28	1.667,04	1.315,19	1.528,52	1.401,64	1.518,28	1.505,23	1.675,49	11,31
Maranhão	39,58	34,29	65,94	76,46	54,79	49,65	75,10	83,58	89,87	95,91	6,72
Piauí	33,32	21,80	24,83	23,09	15,44	15,62	13,68	22,83	22,37	19,45	-13,05
Ceará	14,59	19,33	11,76	18,15	2,44	0,78	1,19	0,98	0,32	0,15	-51,74
Rio Grande do Norte	129,23	122,55	129,53	114,73	95,37	74,03	47,64	133,34	85,47	64,21	-24,87
Paraíba	330,89	296,85	341,06	253,70	230,31	200,75	237,94	219,71	267,67	243,80	-8,92
Pernambuco	479,46	557,10	713,11	416,64	358,38	332,86	284,87	300,27	339,20	397,02	17,05
Alagoas	671,17	717,23	951,15	604,80	453,69	733,00	629,31	639,22	589,83	729,65	23,70
Sergipe	56,80	63,08	75,29	70,01	49,19	55,53	52,36	59,18	61,49	62,47	1,59
Bahia	86,39	89,92	99,61	89,47	55,67	65,30	54,56	59,18	49,00	62,83	28,22
Região Sudeste	8.769,19	9.721,38	10.363,51	9.978,46	9.372,23	7.202,72	7.753,90	8.551,82	9.786,64	9.948,40	1,65
Minas Gerais	464,19	471,35	558,85	719,94	645,35	488,27	522,15	558,41	785,23	758,25	-3,44
Espírito Santo	93,51	108,57	146,26	143,97	126,39	150,90	131,03	152,30	151,77	157,83	10,58
Rio de Janeiro	109,10	102,85	133,19	106,34	118,01	90,97	62,95	106,59	104,74	151,25	53,95
São Paulo	8.102,40	9.038,61	9.525,21	9.008,21	8.482,49	6.472,57	7.037,78	7.734,52	8.744,90	8.861,07	1,33
Região Sul	1.061,75	1.254,67	1.315,28	997,76	1.049,85	829,07	937,42	974,95	1.209,45	1.178,31	-2,57
Paraná	1.059,82	1.252,08	1.312,29	995,74	1.045,82	826,07	932,12	968,54	1.203,40	1.173,49	-2,49
Santa Catarina											
Rio Grande do Sul	194	2,59	2,99	2,02	4,03	3,00	5,31	6,41	6,05	4,82	-20,22
Região Centro-Oeste	1.039,84	1.207,92	1.369,43	1.462,05	1.224,74	1.104,12	1.344,21	1.513,27	1.929,26	1.797,52	-6,83
Mato Grosso do Sul	299,70	286,98	300,26	439,32	369,26	320,81	384,65	422,64	472,11	413,61	-12,39
Mato Grosso	376,97	468,21	549,20	575,50	541,13	466,38	580,13	657,82	795,38	792,63	-0,35
Goiás	363,17	452,73	519,97	447,53	314,34	316,94	379,43	432,80	661,77	591,28	-10,65

Fonte: Trabalho do BNDES

A ECONOMIA POLÍTICA DO ETANOL

No Nordeste, região tradicional na produção de açúcar, até 2003 contava com 72 usinas produzindo etanol. Do total dessas usinas, 62 produzem o etanol anidro e hidratado. O restante, as outras 10, produzem o etanol hidratado. Na safra de 97/98, o Nordeste alcançou sua safra recorde: 2,412 bilhões de litros de etanol. De lá para cá, reduziu sua produção para 1,315 bilhões de litros, o que ocorreu na safra de 2001/2002, retomando o crescimento nos anos subsequentes, até atingir 1,675 bilhões de litros, em 2004. A região Sudeste também obteve na safra 97/98 seu pico de produção alcançando 10.363 bilhões de litros, diminuindo nos anos subsequentes, até voltar a crescer, em 2004, com uma produção de 9,948 bilhões de litros. Na distribuição da produção na região do Nordeste, o Estado de Alagoas aparece como o principal produtor regional. Das 72 usinas na região, Alagoas conta com 20 usinas participando na produção de etanol da região com 1/3 da produção total. Pernambuco e Paraíba são os dois Estados que também participam de modo significativo na produção regional, respectivamente, sendo o segundo com 24 usinas e o terceiro com 9 usinas de etanol. Os outros estados também contam com usinas de etanol, mas de forma bem menor: Bahia, com 5 usinas; Sergipe e Maranhão, com 3; e, Ceará, Amazonas, Piauí e Pará com apenas uma em cada Estado.

SAFRE 76/77

Região	Estados	Cana Moída (t)			Álcool (m³)			Açúcar (t)
		Própria	Fornecedores	Total	Anidro	Hidratado	Total	Total
Centro-Sul	Espírito Santo	204.011,00	226.270,00	430.281,00	-	6.952,44	6.952,44	33.794,49
	Goiás	235.026,00	9.085,00	244.111,00	-	1.616,90	1.616,90	20.310,75
	Mato Grosso	59.754,00	15.809,00	75.563,00	-	-	-	5.755,73
	Mato Grosso do Sul	-	-	-	-	-	-	-
	Minas Gerais	2.312.998,00	916.968,00	3.229.956,00	-	15.958,42	15.958,42	284.342,73
	Paraná	1.488.604,00	812.387,00	2.300.991,00	5.014,60	10.502,16	15.516,76	386.360,19
	Rio de Janeiro	2.042.339,00	3.311.405,00	5.353.744,00	5.667,53	38.305,30	43.972,82	6.139,57
	Rio Grande do Sul	16.041,00	56.702,00	72.743,00	-	-	-	24.533,42
	Santa Catarina	236.711,00	49.837,00	286.548,00	-	4.674,99	4.674,99	-
	São Paulo	25.629.896,00	15.671.889,00	41.301.785,00	245.910,51	216.783,21	462.693,72	3.563.756,75
	Subtotal	32.225.380,00	21.070.342,00	53.295.722,00	257.592,64	294.783,42	552.385,05	4.507.178,69
Norte-Nordeste	Alagoas	6.094.600,00	8.403.125,00	14.497.726,00	7.423,65	17.588,47	25.012,13	1.120.999,22
	Amazonas	-	-	-	-	-	-	-
	Bahia	440.887,00	627.225,00	1.068.112,00	-	-	-	47.238,93
	Ceará	92.597,00	174.122,00	266.719,00	-	-	-	23.089,58
	Maranhão	-	69.736,00	69.736,00	-	857,50	857,50	4.260,35
	Pará	-	-	-	-	1.425,00	1.425,00	-
	Paraíba	739.892,00	837.533,00	1.577.425,00	-	57,40	57,40	131.764,25
	Pernambuco	4.575.452,00	11.319.947,00	15.895.399,00	35.323,32	48.918,71	84.242,04	1.231.929,20
	Piauí	24.844,00	22.926,00	47.770,00	-	341,60	341,60	3.349,39
	Rio Grande do Norte	324.914,00	400.745,00	725.660,00	-	-	-	69.203,59
	Sergipe	403.013,00	420.269,00	823.282,00	-	-	-	69.488,72
	Tocantins	-	-	-	-	-	-	-
	Subtotal	12.696.199,00	21.834.743,00	34.530.942,00	42.747,97	69.188,68	111.935,66	2.701.323,23
TOTAL		44.921.579	42.905.085,00	87.826.664,00	300.339,61	363.982,10	664.321,71	7.208.501,92

Fonte: Trabalho do autor

A ECONOMIA POLÍTICA DO ETANOL

O interessante é observar pela tabela acima que na safra de 76/77, antes mesmo de eclodir a crise do petróleo, a produção de etanol sem destinação para fins de combustíveis no Centro-Sul já detinha uma participação extremamente significativa em relação ao Norte-Nordeste, com um percentual de 82% da produção total do País. São Paulo também participava significativamente do mercado nacional, com 69% da produção de etanol. Na safra de 77/78, segundo dados do MAPA quando mal se inicia o Proalcool e a produção nacional começa a dar as primeiras respostas ao desafio de produção de energia da biomassa, a participação de São Paulo aumenta relativamente em relação à produção nacional, com 73% da produção de etanol do país.

Ao longo destes anos todos, foi no Centro-Sul do país que se concentrou de forma significativa a instalação do maior número de novas usinas de etanol. Na safra de 2007/08 a produção alcançou no Centro-Sul 20.34 bilhões de litros, enquanto, no Norte e Nordeste atingiu 2.19 bilhões litros, de uma produção total de 22.53 bilhões litros. As estimativas da produção para a safra 2008/09 levantadas pela ÚNICA demonstram as mesmas tendências de concentração alcançando no Centro-Sul 25.10 bilhões litros e no Norte-Nordeste 2.40 bilhões litros de uma produção total de 27.50 bilhões de litros. Apesar dos percalços percorridos, a evolução do crescimento da produção ocorrida consolida a presença de São Paulo com 61% da produção nacional, na safra de 2008/09, com uma produção de 16.7 bilhões de litros reforçando uma forte concentração regional na produção de etanol no país. Individualmente, portanto, São Paulo vem assumindo de forma majoritária a liderança na produção de etanol a nível nacional.

FERNANDO NETTO SAFATLE

Se somarmos a produção de São Paulo com a do Paraná representam no conjunto 73,3% da produção total do país. O grau da concentração regional da produção de etanol é enorme.

A partir do recente boom do etanol, o país conhece um novo ciclo de expansão da cana, tendo como novas áreas de ocupação, o Triângulo Mineiro e o Estado de Goiás. Os 700 milhões de litros produzidos na safra 2005/06 em Goiás foram produzidos por apenas 15 usinas de etanol. Até 2010 deverão entrar em operação mais de 20 novas usinas, dobrando o volume de etanol produzido em Goiás. Mais 45 novos projetos já foram aprovados, segundo a Secretaria de Indústria e Comércio de Goiás, projetos de expansão de usinas já existentes e de implantação de novas. Dos quatro milhões de hectares explorados em Goiás, a soja responde por 61% desse total, seguida pelo milho, com 17%. A cana aparece em terceiro lugar, ocupando 7% da área cultivada. Portanto, a disponibilidade de terras agrícolas para expansão da cana é enorme, sem contar, é claro, com a possibilidade de uso mais racional das terras ocupadas com pastagens.

É importante compreender por que o advento da cana modificou o mapa agrícola do Sudeste. Lavouras, que alguns anos atrás se constituíam em culturas tradicionais de soja, milho, amendoim e laranja vêm sendo substituídos pela cultura da cana, como também, regiões tradicionais no ramo da pecuária dão lugar para a instalação de novas usinas e o cultivo da cana.

Esse processo de concentração macrorregional, que vem ocorrendo na produção de cana e de etanol, pode ser mais bem compreendido quando se analisa as entranhas do segmento sucroalcooleiro

A ECONOMIA POLÍTICA DO ETANOL

e se observa as mudanças e ganhos de produtividade que vão obtendo algumas regiões em detrimento de outras.

Em 1976, nos primórdios do Proalcool, as microrregiões de maior produção de cana-de-açúcar eram: a Mata Meridional Pernambucana, com uma produção de 6,7 milhões de toneladas de cana; Ribeirão Preto, no Estado de São Paulo, produzindo 6,6 milhões de cana; Campos dos Goytacazes, no Rio de Janeiro, com 6,3 milhões de toneladas; a Mata Alagoana, no Estado de Alagoas, com 5,5 milhões de toneladas; e, Piracicaba, em São Paulo, com 5,2 milhões de toneladas.

Depois de 24 anos, ou seja, em 2000, a presença dos municípios paulistas no mapa das microrregiões de maior produção de cana-de-açúcar modificou-se acentuadamente a seu favor. Antes, em 1976, apenas uma microrregião de São Paulo marcava presença entre as cinco maiores produtoras de cana no país. Agora, dos cinco maiores produtores de cana todos fazem parte do Estado de São Paulo, com destaque especial, para a microrregião de Ribeirão Preto, que lidera no volume de produção de cana, aumentando sua produção de 6,6 milhões de toneladas para 20,0 milhões de toneladas, como mostra o quadro abaixo.

101

FERNANDO NETTO SAFATLE

MICRORREGIÕES COM AS MAIS ALTAS PRODUTIVIDADES DO BRASIL:

	1976			2000	
UF	Microrregião	Produtividade (t/ha)	UF	Microrregião	Produtividade (t/ha)
SP	Catanduva	84,5	PR	Londrina	98,9
SP	Itapetininga	84,0	PR	Jacarezinho	93,4
SP	São José do Rio Preto	73,5	SP	Franca	91,1
SP	Novo Horizonte	73,0	BA	Juazeiro	90,5
SP	São Joaquim da Barra	72,0	SP	Barretos	90,0
SP	São João da Boa Vista	68,9	SP	Tatuí	85,0
SP	Moji-Mirim	68,9	GO	Anicuns	84,9
SP	Limeira	68,8	SP	Amparo	84,6
RN	Litoral Sul	68,0	PR	Maringá	84,6
RN	Macaiba	67,5	MS	Dourados	84,4
	Média	72,9			88,7

Fonte: IBGE/Embrapa, 2003

De certa forma não se observa apenas o crescimento do volume de produção nas microrregiões do Estado de São Paulo. Ocorre também um outro fenômeno, não menos importante, que é o aumento da produtividade agrícola durante esses 24 anos. Em 1976, a produtividade média nacional na produção de cana por hectare era de 72,9 t/há entre as 10 microrregiões mais produtivas do Brasil. Acima da média nacional pontuava quatro microrregiões, todas do Estado de São Paulo. Abaixo da média nacional se encontravam outras quatro microrregiões de São Paulo e as

102

A ECONOMIA POLÍTICA DO ETANOL

duas últimas microrregiões do Estado do Rio Grande do Norte.
Portanto, das dez microrregiões com as mais altas produtividades do Brasil, as oito primeiras eram do Estado de São Paulo, conforme demonstra o quadro acima.

No ano 2000, o quadro das microrregiões modificou-se incorporando novas microrregiões de estados que até então não participavam do elenco das mais altas produtividades do Brasil.
Por um lado, o desenvolvimento tecnológico permitiu um salto na média nacional da produtividade da produção por hectare de cana plantada, subindo de 72,9 t/há para 88,7 t/há, com um crescimento de 21,7% em relação ao início do Proetanol. Agora, acima da média nacional, situam-se cinco microrregiões, das quais duas são do Estado de São Paulo, duas são microrregiões do Paraná e uma da Bahia. A microrregião líder na produtividade, no entanto, é a de Londrina, com 98,9t no do Estado do Paraná.

Com a evolução e o desenvolvimento tecnológico alcançado na produção agrícola da cana-de-açúcar permitiu se obter um aumento na sua produtividade beneficiando as microrregiões do Centro-Sul de forma especial.

Os gráficos abaixo demonstram a evolução da produção da cana-de-açúcar no Brasil segundo as regiões Centro-Sul e Norte e Nordeste. A taxa média de crescimento da produção de cana-de-açúcar no bloco da região Centro-Sul cresce a 6,93% ao ano, acima da média nacional, que cresce a 5,76% a.a. Enquanto, no mesmo período, de 1976 a 2002, a taxa de crescimento da produção de cana-de-açúcar no Norte e Nordeste, situa-se bem abaixo da média nacional, em 2,51% a.a. Em relação aos índices de produtividade da produção de cana-de-açúcar, os dados também demonstram,

103

segundo o gráfico abaixo, ganhos consideráveis de produtividade do bloco da região Centro-Sul em relação à média nacional e, mais acentuadamente, em relação às regiões Norte e Nordeste.

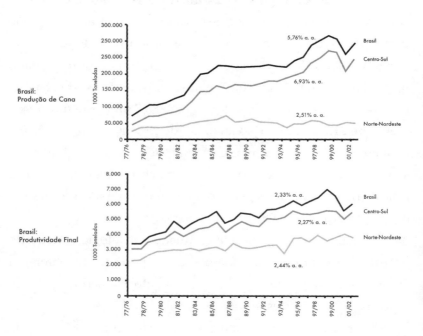

Fonte: Seminário BNDES-2003

Os dois gráficos acima mostram como, em primeiro lugar, ao longo dos anos, distancia-se a produção de cana-de-açúcar do Centro-Sul em relação ao Norte-Nordeste, com taxas de crescimento diferenciadas de 6,93% a.a., enquanto no Norte-Nordeste com taxas anuais de crescimento da produção bem abaixo, 2,51%. Ao se confirmar esta tendência nos próximos anos, intensificaria-se

A ECONOMIA POLÍTICA DO ETANOL

ainda mais, a concentração da produção a nível regional. Soma-se a isso, o fato de existir também um diferencial acentuado na produtividade final da produção de cana-de-açúcar entre o Centro-Sul e o Norte-Nordeste, conforme demonstra o gráfico acima.

Das 41 novas usinas que estão sendo construídas no Centro-Sul, cerca de 28 delas estão sendo localizadas em São Paulo, com previsão de entrarem em operação dentro de 5 anos. Mais de 90% dessas novas usinas estão sendo localizadas no Noroeste paulista. A previsão do consultor da Datagro, Plínio Nastari, é de que até 2010, a região deverá estar produzindo um adicional de cana em torno de 51 milhões de toneladas.[1] O Estado de São Paulo, segundo Nastari, tem 10,2 milhões de hectares ocupados com pastagens, em condições de degradação elevadas, que diminuem sobremaneira o suporte de gado por hectare e que devem ser substituídas gradativamente pela lavoura de cana-de-açúcar.[2]

O avanço da lavoura da cana tem crescido de forma acelerada no Estado de São Paulo, mas não é só, atravessa suas fronteiras e também ocupa espacialmente as áreas agricultáveis do Triângulo Mineiro, Sul de Goiás, Oeste da Bahia e Sul do Maranhão. Mais adiante, quando analisarmos o passeio (percurso) do etanol e o consequente incremento de custo que esse processo acarreta no sistema de produção como um todo e as

---

1 Plínio NASTARI, *O setor brasileiro de cana-de-açúcar e perspectivas de crescimento*, Datagro-Brasil, junho de 2006.

2 Por conta da crise de pelo menos 47 projetos de implantação de novas usinas foram adiadas. Em 2007 havia a estimativa de que 140 usinas seriam implantadas até 2015. A previsão caiu para 93. Noticias Sebrae-novembro de 2008.

FERNANDO NETTO SAFATLE

práticas de preços de oligopólio que o atual modelo de produção acarreta, vamos verificar como somente uma parte da população brasileira se beneficia dos preços relativos do etanol em relação à gasolina e, mais grave, dada à excessiva concentração regional da produção do etanol grande parte das regiões do país fica à margem dos benefícios e do processo de crescimento que o setor sucroalcooleiro proporciona.

A PROJEÇÃO DAS
EXPORTAÇÕES DE ETANOL

Muito se tem escrito sobre as possibilidades de expansão de nossas exportações e a crescente demanda pelo biocombustível no mercado internacional. No entanto, para se ter uma noção aproximada do potencial que existe de expansão de crescimento no mercado internacional do etanol, precisaríamos trabalhar os dados do consumo existente de petróleo no mundo, como uma referência concreta do percentual do petróleo consumido. Segundo dados do governo americano, no primeiro trimestre de 2006, foram consumidos, em média, 85,3 milhões de barris de petróleo por dia, a nível mundial. Se fizermos as conversões e cálculos necessários chegarão a um consumo de 998,0 bilhões de litros de gasolina por ano no mundo.

Ora, se misturarmos apenas 10% de etanol à gasolina pode-se projetar uma demanda mundial de 99,8 bilhões de litros por ano. Deva observar, contudo, que toda a produção mundial de etanol representa pouco mais da metade dessa demanda potencial . Em 2005, a produção mundial de etanol era de 45,89 bilhões de litros, sendo os maiores produtores os EUA e o Brasil, com uma produção de um pouco mais de 16 bilhões de litros em cada país. Em menor escala vem a China, com 3,80 bilhões de litros, e a Índia, com 1,70 bilhões de litros, conforme demonstra a tabela abaixo. Os outros países detêm uma participação muito pouco expressiva na produção mundial.

PRODUÇÃO MUNDIAL DE ETANOL – EM BILHÕES DE LITROS

Ano	1997	1998	1999	2000	2001	2002	2003	2004	2005
Brasil	15,49	14,12	12,98	10,61	11,50	12,62	14,73	15,10	16,00
EUA	5,89	6,45	6,61	6,47	6,98	8,43	10,90	13,38	16,14
China	2,68	2,80	2,86	2,97	3,05	3,15	3,40	3,65	3,80
Índia	1,85	1,89	1,89	1,72	1,78	1,80	1,90	1,75	1,70
França	0,77	0,78	0,78	0,81	0,81	0,84	0,82	0,83	0,91
Rússia	1,18	1,20	1,28	0,62	0,68	0,73	0,75	0,75	0,75
África do Sul	0,43	0,41	0,39	0,34	0,35	0,35	0,36	0,42	0,39
Reino Unido	0,41	0,42	0,41	0,44	0,43	0,40	0,41	0,40	0,35
Arábia Saudita	0,39	0,37	0,39	0,38	0,35	0,30	0,35	0,30	0,12
Espanha	0,14	0,14	0,13	0,15	0,23	0,26	0,31	0,30	0,35
Tailândia	0,38	0,27	0,32	0,80	1,00	1,80	2,50	0,28	0,30
Alemnha	0,38	0,36	0,34	0,29	0,30	0,28	0,28	0,27	0,43
Ucrânia	0,25	0,16	0,17	0,21	0,28	0,27	0,29	0,25	0,25
Canadá	0,15	0,15	0,20	0,22	0,23	0,23	0,23	0,23	0,23
Polônia	0,24	0,21	0,17	0,16	0,16	0,17	0,17	0,20	0,22
Outros	1,50	1,43	1,38	1,28	1,28	1,24	1,24	1,28	2,69
Total	32,96	31,96	31,07	29,79	31,99	35,61	39,98	40,76	45,89

Fonte: F. O. Licht's

O mercado internacional de etanol, por conseguinte, ainda é muito pequeno diante do potencial existente. Hoje, o consumo mundial de etanol representa apenas 2,6% do consumo mundial de gasolina e 0,6% do consumo mundial de petróleo.

Nos últimos anos, o comércio mundial de etanol vem conhecendo um crescimento moderado. Segundo dados (F.O.Licht), em 1998 o mercado mundial consumia 3.0 bilhões de litros; em 2001, cresceu para 3.4 bilhões de litros; e, em 2002, ocorreu um pequeno decréscimo, para 3.3 bilhões de litros, um crescimento de menos de 2% ao ano do comércio mundial.

A partir de 2003, no bojo das pressões internacionais em relação à adoção de medidas de combate ao efeito estufa, o Brasil conseguiu dar um salto enorme nas suas exportações de etanol. Trata-se de resposta a uma demanda externa crescente e a preços extremamente vantajosos verificados no mercado internacional, como se pode observar a evolução do preço médio do etanol exportado pelo gráfico abaixo. Uma combinação virtuosa: aumento na quantidade de etanol exportado e aumento no preço médio de suas exportações. Considerando os preços médios em torno de US$ 459,95 por metro cúbico e um embarque, em 2005, totalizando 2,6 milhões de metros cúbicos, a balança comercial brasileira obteve um faturamento de US$ 765,5 milhões, em comparação com 2004, ou seja, um incremento de 53,9%.

EVOLUÇÃO DO PREÇO MÉDIO DO ÁLCOOL BRASILEIRO EXPORTADO

Como se não bastasse o crescimento das exportações de etanol a partir de 2003, dando um salto de 6,9% na participação em relação à produção total para uma proporção de 19,7% das exportações em relação à produção, em 2005 o açúcar também mantém um crescimento firme nas suas exportações. respondendo à demanda crescente no mercado internacional.

Em relação ao açúcar, o crescimento das exportações, como se pode observar no gráfico acima, vem ocorrendo um pouco mais atrás, mais particularmente a partir de 2001, com um crescimento crescente, alcançando, em 2005, uma proporção de 41,9% das exportações em relação a sua produção total. Significa, portanto, que o usineiro tem nas exportações de açúcar um mercado firme, seguro e crescente que, certamente, não vai deixar de supri-lo, conforme gráfico seguinte.

PROPORÇÃO ENTRE EXPORTAÇÃO E PRODUÇÃO DE ÁLCOOL

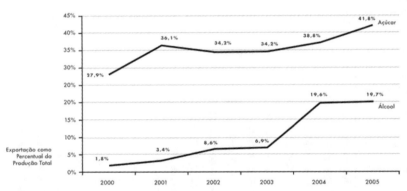

Fonte: Ministério das Minas e Energia

Como as destilarias fabricam simultaneamente açúcar e etanol, fica patente que, enquanto o mercado for dominado por um pequeno número de grandes empresas, o consumidor brasileiro ficará sempre refém das oscilações de preços do mercado internacional do açúcar e, nessa medida, o abastecimento de etanol no mercado interno e externo sofrerá abalos e tropeços.

A ECONOMIA POLÍTICA DO ETANOL

O ex-presidente George W. Bush chamou a atenção do povo americano dizendo que é "viciado em petróleo", um sinal de alerta visando à necessidade de buscar alternativas de produzir combustível e diminuir sua dependência, sobretudo, da importação de petróleo e realizando um programa de produção de etanol crescente nos últimos anos. Em 1990, produzia apenas 3,42 bilhões de litros de etanol e em 2009 devem consumir 42 bilhões de litros de etanol. A legislação determina uma meta de 136 bilhões de litros de etanol a ser consumida em 2022, quando se espera que 79 bilhões de litros sejam ofertados pelo mercado interno.[1]

Metas definidas em lei obrigam as refinarias dos EUA a adquirir todos os anos volumes crescentes de biocombustíveis para misturá-los a gasolina, mas fixam limites para a produção de etanol de milho incentivando a produção do etanol celulósico. Contudo, ocorre que ainda não obtiveram um desenvolvimento tecnológico capaz de produzi-lo em escala comercial. Dessa forma, se as previsões de consumo se efetivar, os EUA terão um déficit de 57 bilhões de litros de etanol para abastecer o seu mercado interno, em 2020. Se considerarmos que em 2008 exportamos 1,5 bilhão de litros de etanol para os EUA, projeta-se para o médio prazo um volume crescente das exportações, evidentemente, se as barreiras e tarifas forem quebradas.

Dos três continentes analisados, a Ásia, sem dúvida, pode se tornar o mercado mais promissor, se considerar o potencial de consumo que oferece o Japão e Coreia do Sul, por não serem produtores e demandar 100% do etanol que forem consumir

---

1 *Jornal Valor Econômico* – 29/06/2009.

FERNANDO NETTO SAFATLE

através das importações. No caso da União Europeia, apesar de também ter um potencial enorme de demanda de etanol, tanto quanto os EUA, dispõem de legislação protecionista, subsidiando sua produção interna diante do seu alto custo, o que dificulta nossas exportações. A União Europeia também fixa metas para 2020 procurando estabelecer um percentual de 20% de toda a energia consumida na região seja proveniente de fontes renováveis. Desse percentual, 10% é a fatia do setor de transportes. Dos 10%, incide 40%, que deveriam ser a parte proveniente do uso de biocombustíveis, os outros, 60% seriam substituídos por outras fontes de energia. Contudo, o acesso do nosso etanol no mercado da UE vai depender de negociações entre o Mercosul e a União Europeia.[2]

Em 2002, do total de 3,3 bilhões de litros consumidos mundialmente, a Ásia obteve a maior participação percentual, com 37% do consumo, vindo logo a seguir a Europa, com 28%,

---

2 Em setembro de 2007, o primeiro-ministro sueco, Fredrik Reinfeldt, anunciou que vai eliminar a sobretaxa imposta ao etanol brasileiro no país como forma de pressionar a União Europeia e os demais países a adotarem a tarifa zero para o etanol. A decisão foi anunciada após assinatura conjunta de um memorando de entendimento entre o Brasil e a Suécia na área de biocombustíveis. A sobretaxa sueca vai ser derrubada até primeiro de janeiro de 2009 – e vai representar uma queda de cinco a dez ores (centavos de cora sueca) por litro nos preços do etanol na Suécia. A sobretaxa sueca no etanol do Brasil foi introduzida em 2006 como forma de proteger a indústria doméstica. Trata-se de uma taxa adicional a tarifas impostas pela União Europeia no produto brasileiro que pode chegar a 55%. Como país membro da União Europeia, a Suécia está atrelada ao bloco e, portanto, é impedida de tomar decisões unilaterais de abolir as barreiras tarifárias adotadas pela Europa como um todo.

e as Américas, com 18%. Até 2002, o bloco da Ásia conheceu o maior aumento percentual no consumo do etanol, saindo, em 1998, de 32%, para 37%. A partir de 2005, é que o mercado americano passou a importar com mais vigor, dando um salto, em 2006, importando mais de 1,6 bilhões de litros do Brasil, conforme gráfico seguinte.

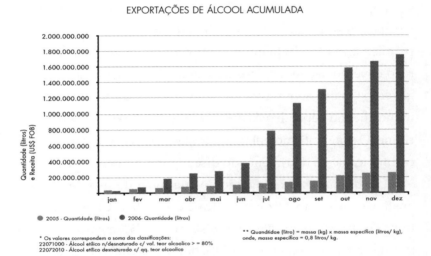

Fonte: Alice/ MDIC

O aumento das exportações para os EUA se deu apesar da sobretaxa imposta ao etanol brasileiro exportado pelo Brasil: US$ 0,54 por galão (um galão tem 3,785 litros). O aumento das exportações brasileiras somente foi possível porque parte desse volume se realizou diretamente e outra parte foi via a Caribbean Basin Iniciative que permite que até 7% da demanda de etanol por parte dos americanos possam entrar nos EUA sem imputar a sobretaxa de US$ 0,54 por

FERNANDO NETTO SAFATLE

galão cobrado aos países que estão fora do acordo. Entretanto, com a ascensão do governo Obama e sua política de incentivo a diversificação da matriz energética a expectativa dessa taxa ser revogada não se confirmou. Na realidade houve um recuo na política do novo governo americano em relação a tarifa que o país impõe atualmente ao etanol brasileiro, de cerca de R$ 0,27 por litro.

Segundo comunicado da Casa Branca: "os biocombustíveis são importante fonte de energia renovável, que vão ajudar a diversificar nossa matriz energética e reduzir nossa dependência do petróleo importado. Quanto à tarifa dos EUA sobre etanol brasileiro, o governo não tem planos de mudá-la".[3] Evidentemente, que o governo Obama sofreu forte pressão dos produtores de etanol de milho que são dependentes dos gordos subsídios do governo americano. O pragmatismo político prevaleceu mais uma vez na política americana em detrimento do discurso de campanha de Obama.

Em que pese, a renovação de sua meta de uso de biocombustíveis na sua matriz energética para 2020, a União Europeia tinha estabelecido que até 2011 misturaria 5,75% à gasolina, o que significaria uma consumo de 14,1 bilhões de litros de etanol. Se considerarmos a inclusão dos dez novos países membros da UE, a necessidade de etanol cresce mais de 10%. A UE dispõe de cerca de 5,5 milhões de hectares para a produção de biodiesel podendo contar com mais 1,5 milhão de hectares se dispuser a fazer a reconversão de áreas ocupadas com cereais para biomassa. Uma área insuficiente para atender as metas que se propuseram a reali-

---

3   Texto da Casa Branca publicado na *Folha de São Paulo* – 02/08/2009.

A ECONOMIA POLÍTICA DO ETANOL

zar, de misturar até 5,75% de etanol na gasolina, em 2011, mesmo considerando que de certa forma são objetivos ainda tímidos. No que tange à Ásia, o cenário é distinto. Somente a China possui uma frota de 36 milhões de veículos em 2006, com um crescimento inusitado de 10% ao ano. Não tem auto-suficiência na produção do petróleo, dependendo de 30% de sua importação. Produz 3 bilhões de litros de etanol utilizando como matéria-prima a cana, a mandioca, a batata e o milho, dispondo de uma capacidade de aumento de sua produção em torno de 1,5 bilhões de litros. Entretanto, como se sabe, o dilema na China é mais agudo do que em outros países diante do conflito estabelecido no plantio de áreas agricultáveis: produzir para alimentar sua enorme população ou plantar para gerar energia. Esse dilema fatalmente vai jogar o mercado chinês como importador de etanol para abastecer seu mercado de combustível líquido.

Se o Japão, país eminentemente importador de combustível, misturar 10% do etanol na gasolina, necessitará de 6 bilhões de litros. A Índia e a Tailândia são dois outros países da Ásia que produzem etanol para o abastecimento de seu mercado interno. Em algumas regiões na Índia mistura-se até 5% de etanol na gasolina.

O mercado, portanto, mais promissor em curto prazo é o Japão, mesmo porque, se constitui no país mais preocupado com as questões ambientais e no cumprimento dos objetivos do Protocolo de Kyoto. A legislação, apesar de voluntária, estabelece uma mistura de 2,5%, o que significa um consumo de cerca de 2 bilhões de litros de etanol. Considerando uma mistura de 10% na gasolina e de 15% de mistura no diesel, o Japão necessitará de importar cerca de 12 bilhões de litros de etanol.

117

A Coreia é tão dependente de importação de etanol quanto o Japão. Se misturar 10% de etanol na gasolina e 15% no diesel necessitará importar cerca de 4 bilhões de litros de etanol. Nessas circunstâncias, o mercado coreano, somado com o do Japão, totaliza 16 bilhões de litros de etanol. Esses percentuais são factíveis, visto que cresce as pressões da opinião pública mundial por ampliar as metas contidas nos acordos internacionais que discutem as mudanças climáticas, consideradas extremamente tímidas e incapazes de reverter os níveis atuais de emissões de gases de efeito estufa.

A Tailândia é um dos países emergentes na produção de etanol que poderá, de certa forma, concorrer em menor escala com a produção brasileira. Visando o mercado chinês, japonês e coreano, iniciou a instalação de novas destilarias e produz 1,5 bilhões de litros ao ano, utilizando como matéria-prima a cana e a mandioca.

Mais recentemente o Brasil firmou um acordo com a Indonésia, que deverá receber US$ 12 bilhões em investimentos de empresas de vários países para desenvolver o setor de etanol. O objetivo do governo asiático é o de produzir um volume de etanol equivalente a 200 mil barris de petróleo por dia até 2010.

Com a recuperação do comercio internacional e a retomada do crescimento pelos países desenvolvidos as projeções que se vislumbram do mercado externo para o etanol podem ser consideradas favoráveis, tendo em vista a demanda reprimida existente e as pressões internacionais que visam à desregulamentação que entrava a abertura dos mercados americano e União Europeia e as barreiras tarifárias que bloqueiam atualmente o aumento das exportações de combustíveis oriundos da agro energia.

A ECONOMIA POLÍTICA DO ETANOL

Para que o Brasil possa avançar como principal fornecedor mundial de etanol no mercado internacional, algumas medidas internas precisam ser tomadas e novos caminhos precisam ser abertos e consolidados. O primeiro deles, sem dúvida, é melhorar a estrutura logística, sobretudo, a de escoamento da produção, visando o mercado externo. Atualmente o transporte utilizado é o rodoviário, através de caminhões. A opção que está se buscando para escoar o volume e quantidade voltada para as exportações visa um transporte mais eficiente e mais barato. De acordo com o presidente do Sindicato das Indústrias de Etanol de Goiás (Sifaeg), Igor Montenegro Celestino, o alcoolduto possibilitará que o custo de transporte até o porto fique 16 vezes menor. Para isso, a Petrobrás vem buscando estabelecer parcerias, e uma delas está firmando com a trading japonesa Mitsui, na construção de um alcoolduto, que ligará o Terminal de Senador Canedo, em Goiás, ao Terminal de São Sebastião, um investimento calculado em US$ 500 milhões, com previsão de inicio das obras em 2008 e término em 2010. A tubulação se estenderá por cerca de 1.150 quilômetros com capacidade de transportar até seis bilhões de litros de etanol.[4] Esse alcoolduto diminuirá consideravelmente os custos do frete e permitirá abrir novas áreas, incorporando regiões de Goiás e do Triângulo Mineiro na produção do etanol, assim como passará pela principal região produtora de etanol de São Paulo, como demonstra o mapa da Transpetro seguinte.

---

4   *Diario da Manhã* – 09/05/2007.

FIGURA 5 – EXPORTAÇÃO DE ÁLCOOL PELO BRASIL – REDE DE DUTOS DA TRANSPETRO

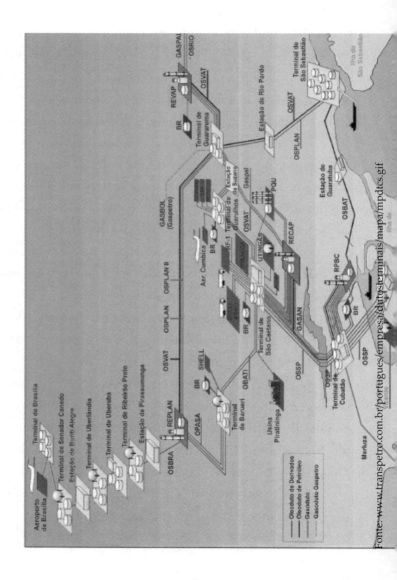

O CAPITALISMO MONOPOLISTA
E O PROGRAMA DO ETANOL

No início do governo do presidente Lula, em 2003, a Petrobrás reduziu em 6,5% o preço da gasolina nas refinarias. Passado alguns dias, em reunião realizada com os produtores de açúcar e etanol, o presidente Lula mostrou toda a sua indignação ao saber que os postos de combustíveis não repassavam os ganhos aos consumidores. A expectativa do presidente era de que o impacto nos preços para o consumidor se fizesse de imediato e na mesma proporção do que foi concedido às distribuidoras de petróleo. Ledo engano. Não se fizeram de imediato e nem na mesma proporção. O presidente ficou sem entender por que a cadeia produtiva não responde às leis do mercado de forma soberana. Afinal, por que as medidas de política econômica não rebatem de forma homogênea e uniforme em todos os setores da economia? Por que, quando ocorre uma redução de impostos em determinado produto ele não chega à mesma proporção ao consumidor final? Por que, como neste caso, a redução do preço da gasolina nas refinarias não repicou na mesma proporção na diminuição do preço nos postos de combustíveis, beneficiando os consumidores? Por que os preços sobem na entre safra e não diminui na mesma proporção quando a safra volta à sua produção normal?

Infelizmente, o mercado não responde na mesma fluidez como assevera os manuais de economia: o livre jogo das forças do mercado é uma mera ilusão. Se observarmos os acontecimentos que ocorreram nos últimos quarenta anos na economia mundial e, em particular, na economia brasileira, vamos verificar uma mudança substancial na estrutura de mercado: o desenvolvimento capitalista se modificou avançando para um estágio onde predomina as formas de monopólio e oligopólio dos mais variados matizes.

O capitalismo, na fase atual, avançou por consolidar o domínio de um número pequeno de grandes empresas sobre o mercado, com força suficiente para administrar os preços de suas mercadorias, independentemente da oferta e da demanda. A maior consequência da força de mercado que exerce a estrutura monopolista e oligopolista se materializa na transferência de renda dos consumidores para os produtores dos bens e serviços que administram os preços de suas mercadorias. Por outro lado, também se observa práticas monopolistas de mercado entre os próprios produtores de bens e serviços quando transacionam entre si, ocorrendo transferência de renda dos setores em que prevalece uma estrutura de mercado concorrencial para os produtores de bens e serviços, cujas estruturas de mercado são oligopolizadas. Não é exagero afirmar que os trustes, cartéis e todas as formas de associação para combinar preços são mecanismos de que se utilizam as estruturas monopolistas e oligopolistas de mercado

A ECONOMIA POLÍTICA DO ETANOL

para elevar suas margens de lucros, e que acaba por intensificar, em última instância, um maior desajuste na distribuição de renda a nível pessoal e regional.

Os economistas que dissecaram a evolução ocorrida no desenvolvimento capitalista, mais precisamente estudando o impacto da Revolução Industrial ocorrida na Inglaterra, reconhecem que foi nessa época a fase áurea da forma concorrencial de mercado. Ou seja, a evolução ocorrida historicamente no processo produtivo naquela época, mudança esta da forma de produção artesanal para manufatura, engendrou duas transformações estruturais de vulto no capitalismo até então vigente: intensificou a divisão do trabalho na indústria fabril e descolou a mão-de-obra dos meios de produção. Essa mudança radical no seio do processo produtivo deu nova face ao capitalismo nascente possibilitando alcançar um dinamismo inusitado, racionalizando seu processo produtivo e aumentando a produtividade da força de trabalho. O mercado estava se forjando na proporção da capacidade da indústria de empregar novos trabalhadores, ampliando a massa de salários e diversificando o processo produtivo, com o aparecimento de novos ramos de atividade. A substituição da manufatura pela máquina dá um novo salto qualitativo na produção capitalista. O progresso técnico não é mais um componente exógeno ao processo produtivo. Agora é um elemento constitutivo da acumulação ampliada alterando progressivamente a composição orgânica do capital. A empresa industrial que reinveste parte de seu capital e incorpora a tecnologia existente aumenta sua escala de produção e atende o crescimento do mercado. Mas nem todas crescem uniformemente.

125

FERNANDO NETTO SAFATLE

Umas crescem mais do que outras, quando, em muitos casos, não conseguem sobreviver e são eliminadas do mercado. A concorrência entre elas pela disputa de mercado se estabelece na medida em que se apresentam com composição orgânica de capitais diferenciadas e preços competitivos. A concentração e centralização do capital começam a fazer parte inerente desse processo de acumulação e ampliação do capital. Contudo, nem por isso, poderia se confundir o processo de concentração com o de monopolização. Adam Smith, já afirmava, no seu clássico trabalho, *Riqueza das Nações*, que o primeiro não comporta necessariamente o segundo, ou seja, não é porque o processo de concentração se faz presente que necessariamente o processo de monopolização também se realiza.

A linha divisória entre uma questão e outra não foi muito bem estabelecida pela teoria econômica vigente naquela época, e nem poderia ser, pois não estavam dadas às condições objetivas para enunciar com clareza o processo de monopolização do mercado. Isto só foi possível em uma fase mais recente quando uma geração de economistas elaborou estudos sobre interação do processo de concentração, a centralização e a formação das estruturas de mercado monopolistas e oligopolísticas e sua influência na determinação dos preços. Muitas décadas se passaram até que vários economistas de diferentes escolas de pensamento, como Hilferding, Schumpeter, Kalecki, Steindl, Joan Robinson, Sraffa, Sylos Labini, Paul Sweezy, Paul Baran, para citar alguns, vieram a contribuir para o estudo da concorrência imperfeita e das estruturas de mercado monopolizada. Longe de ter clareza nessa disjuntiva, os economistas que se dedicaram

A ECONOMIA POLÍTICA DO ETANOL

a estudar o processo de concentração e centralização do capital, nos seus mais diferenciados matizes, concluem que, mesmo na época áurea da vigência da concorrência, as formas de mercado monopolistas e oligopolistas também existiram, mesmo que fosse de forma embrionária. O que faz com que as formas de mercado monopolistas e oligopolistas assumam o papel hegemônico na estrutura de mercado no desenvolvimento do capitalismo moderno é o progresso técnico necessário para ampliar a produção em uma escala de mercado de massa amplo, cada vez mais além dos marcos estreitos das fronteiras nacionais em direção ao mercado globalizado e competitivo. Além, é claro, do crédito bancário, do mercado de ações, do financiamento público e da presença do Estado, como força auxiliar no processo de acumulação de capital privado.

É importante distinguir o processo da concentração e o da centralização, dois fenômenos que são imanentes desde as origens do capitalismo, mas que apesar de fazerem parte constitutiva do processo de acumulação ampliada tem consequências e implicações distintas. Marx conseguiu analisar separadamente cada um deles, definindo a concentração de capital como um processo de investimento e aumento de capital que cada empresário realiza individualmente para atender o crescimento do mercado; enquanto, a centralização é um fenômeno que ocorre quando existe uma concorrência acirrada entre os produtores de mercadorias e as grandes empresas vão incorporando os menores. Esse processo pode ocorrer como uma operação de aquisição, estabelecendo uma mesma base legal de propriedade, como uma unificação de comando, com vários proprietários, com base

127

FERNANDO NETTO SAFATLE

em sociedades anônimas, fusões dos mais diferenciados tipos, trustes e cartéis, ou mesmo, conglomerados, uma modalidade contemporânea de centralização do capital, sob a égide da integração do capital industrial com o financeiro.

Segundo Marx, a centralização, que não deve ser confundida com a concentração, significa reunião de capitais já existentes:

> Esse processo difere do primeiro pelo fato de pressupor uma modificação na distribuição do capital já existente e em atividade. Seu campo de ação não se limita, portanto, pelo crescimento absoluto da riqueza social, pelos limites absolutos da acumulação. O capital cresce num determinado lugar até atingir uma massa imensa, sob controle único, porque em outro lugar foi perdido por muitos investidores. Isso é centralização, em contraposição à acumulação e à concentração.[1]

Apesar de ter compreendido o fenômeno da concentração e centralização nas origens mesmo do capitalismo, Marx não desenvolveu teoricamente a possibilidade de substituição progressiva da concorrência entre um grande número de produtores pelo controle de um pequeno número de grandes produtores que através dos monopólios ou por diferenciados tipos de oligopólios exercem seu domínio no mercado.

O certo é que ao longo dos anos, com o desenvolvimento que o capitalismo alcançou nos dias de hoje, as implicações da hegemonia

---

1   *Teoria do Desenvolvimento Capitalista* – Paul Sweezy – (pagina 197).

128

A ECONOMIA POLÍTICA DO ETANOL

das forças monopolistas de mercado engendrou um acirramento da competição entre as empresas, com desdobramentos nas transferências de renda não só dos assalariados para as mãos dos setores monopolizados, mas também dentro do próprio segmento dos empresários, dos setores onde predominam ainda um forte componente concorrencial para as mãos dos setores monopolistas e, de ambos, para o capital financeiro. Um exemplo ilustrativo desse fenômeno é o que ocorre em qualquer atividade agrícola, hoje em dia.

Um produtor rural que planta milho vai ao mercado para comprar os insumos que precisa para produzir: sementes de milho, defensivos agrícolas, adubos e implementos agrícolas. Todos esses produtos estão sendo ofertados por um pequeno número de grandes empresas, na sua grande maioria, multinacionais, como a Cargill e Pioneer, no caso das sementes e produtos defensivos. No setor de adubos e fertilizantes não mais que meia dúzia de grandes empresas domina o mercado, assim como, no segmento das máquinas e implementos agrícolas há Ford, New Holland, Massey Ferguson e John Deere. Ou seja, inúmeros produtores transacionando com um pequeno número de grandes empresas para adquirir insumos para produzir. Quando produzem e se dirigem ao mercado para comercializar sua produção encontram a mesma estrutura de mercado oligopolizada que impõe os preços de compra nos produtos que vão adquirir. O produtor agrícola, por conseguinte, é pressionado por duas estruturas de mercado oligopolizadas, para trás e para frente, que lhe subtraem renda, seja na hora de produzir, seja no momento de comercializar sua produção. Se não dispuser de capital próprio e necessitar de recorrer a financiamento, as suas

129

FERNANDO NETTO SAFATLE

perdas ainda são maiores, na medida em que também paga juros ao capital financeiro.

O produtor de leite enfrenta a mesma situação. Ao produzir o leite, precisa cumprir com as normas vigentes de padrão de qualidade, adquirindo um tanque de expansão, uma ordenha, remédios, produtos veterinários para fazer o controle sanitário de seu rebanho, trator e implementos agrícolas para produzir silagem de milho. Os outros insumos, como adubos e ureia, ou seja, toda uma variedade de produtos que necessitar no mercado, irá encontrá-los sendo produzidos por um pequeno número de grandes empresas, na sua maioria multinacionais, que dominam o mercado e, consequentemente, administra seus preços. Ao comercializar o produto, também encontrará no mercado um pequeno número de grandes laticínios que formam cartéis e combinam preços pagos aos produtores. Quem dita os preços de mercado são a Nestlé, Itambé e um pequeno número de grandes cooperativas, que dominam o mercado regionalmente. Dessa forma, os produtores de leite, como os pecuaristas de gado de corte, os produtores de grãos e, mais grave, os produtores inseridos no sistema integrado de produção, como os produtores de aves e suínos, ficam submetidos às estruturas de mercado oligopolizadas. Eles são pressionados quando transacionam para trás, no momento de produzir, e para frente, no momento de comercializar sua produção, por duas estruturas que exercem força na manipulação dos preços, na hora de vender e na hora de comprar na relação de troca com os inúmeros produtores.

Como se vê, o mercado brasileiro se estruturou de forma oligopolista, acompanhando a evolução do próprio capitalismo no mundo desenvolvido. Não há nenhum segmento na economia

A ECONOMIA POLÍTICA DO ETANOL

brasileira, atualmente, que não esteja estruturado de forma oligopolizada, ou seja, com um pequeno número de grandes empresas
dominando cada segmento do mercado. Essa predominância pode
se dar em uma escala maior, abrangendo o mercado como um todo,
como ocorre com a indústria automobilística, ou em uma escala regional, como ocorre com segmento dos laticínios e frigoríficos.
No setor de produção e distribuição de petróleo, o exemplo
é clássico: a predominância da Petrobrás e as sete irmãs. Aqui, o
conhecimento tecnológico, os elevados investimentos de capital
necessário para fazer a prospecção e implantar uma refinaria de
petróleo, tornou inacessível o empreendimento para as pequenas e
medias empresas. Trata-se de um negócio de escala mundial, com
as dimensões de mercado planetário, somente possível às empresas
que conseguiram alcançar um aguçado processo de concentração
e centralização de capital, tendo como lastro, o financiamento do
setor público, ou no caso dos grandes conglomerados, sustentados
pelas fontes de financiamentos dos milhares de acionistas espalhados pelo mundo, fundos de pensão e capital bancário.

Diante da força que detém no mercado onde atua, o pequeno número de grandes empresas distribuidoras de petróleo consegue manipular os preços de seus produtos como lhe convêm.
O caso da Petrobras é particularmente singular, pois muitas vezes, contraria a logica dos interesses da empresa enquanto tal, ao
cumprir um papel importante na manutençao dos fundamentos
macroeconomicos que de forma especial contribui na consecuçao
das metas de inflaçao estabelecidas pela poiitica economica do
governo.. Isto significa que na maioria dos casos quando oscila
os preços do petróleo no mercado internacional ela não ajusta os

131

FERNANDO NETTO SAFATLE

preços internos ao sabor do mercado, não repassando os reajustes aos consumidores e, por conseguinte, deixando de introduzir uma forte pressão inflacionaria no mercado e absorvendo momentaneamente parte dos prejuízos. Como exerce um papel preponderante no mercado da produção e distribuição de petróleo, vis-à-vis, as outras empresas que compõem a estrutura oligopólica desse mercado estratégico, esse seu comportamento muitas vezes a obriga a coincidir seus interesses com os da nação. Mas, em outros casos, não opera dessa forma. Ao não cumprir, por exemplo, com a orientação do governo de repassar para o consumidor os benefícios e ganhos de produtividade na mesma proporção que lhe foi contemplada, não atua em consonância com os interesses da nação, mas sim, na lógica do comportamento de qualquer segmento oligopolizado. Essa é a lógica inerente de qualquer empresa que compõe uma estrutura de mercado oligopolista. Não adianta o presidente reclamar e muito menos a população. O que importa, no caso, é entender como funciona o sistema monopolista e buscar alternativas para que o consumidor não fique subordinado à sua política de administração de preços. Essa é a lógica inexorável do sistema e o comportamento do governo e dos agentes econômicos muitas vezes nos faz acreditar no conto da carochinha, como se a estrutura e práticas monopolistas não fizesse parte de nosso cotidiano. Quando as condições de mercado se modificam, metamorfoseando sua condição concorrencial para um estágio onde predominam as estruturas de mercado monopólicas, também se modificam as regras e fundamentos da formulação de preços, dependendo de sua capacidade de administração no nicho de mercado que trabalha.

A ECONOMIA POLÍTICA DO ETANOL

No caso da distribuição do etanol, tanto a Petrobrás como as outras distribuidoras de petróleo, auferem lucro de monopólio pela posição estratégica que ocupam no sistema de produção e comercialização, ganhando pela intermediação que fazem, onerando, sobremodo, os consumidores e, consequentemente, incrementando, de forma desnecessária e irracional, um custo ao processo produtivo como um todo. Uma pesada carga de custo que enrijece qualquer política que visa o declínio da taxa inflacionária, ao introduzir um incremento estrutural na planilha de custo de todo o processo produtivo. Esse é o caso do percurso totalmente desnecessário que o etanol realiza da usina às distribuidoras de derivados de petróleo e, destas, aos postos de combustíveis. O etanol hidratado por ser já um produto final que vai abastecer diretamente os carros flex não precisa percorrer o caminho tortuoso da usina, passando pelas distribuidoras de petróleo até chegar aos postos de combustíveis. Um caminho que acarreta um incremento de custos sem nenhuma necessidade provocando uma repercussão direta no custo de produção das mercadorias em geral e, por conseguinte, nas condições de vida das pessoas.

O modelo de produção adotado no segmento sucroalcooleiro reforçou consideravelmente a lógica de concentração e centralização de capital inerente ao próprio sistema capitalista. O avanço da concentração e centralização de capital que vem ocorrendo de forma acelerada no segmento sucroalcooleiro, com a constituição de empresas gigantes no setor, ampliando sua produção através de aquisições e de fusões e incorporações de novas empresas, multiplica as distorções que comumente ocorrem nestes casos, intensificando as desigualdades e os desequilíbrios de renda a nível pessoal e regional.

UM SISTEMA DE DUPLA FACE:
OLIGOPÓLIO E OLIGOPSÔNIO

Em 2006, o Brasil dispunha de mais de 35.000 postos de combustíveis espalhados pelo território, um pouco mais de 360 usinas de etanol e 170 distribuidoras de petróleo registradas, segundo mostra a tabela em anexo. À primeira vista, pode-se ter a impressão de um número expressivo de firmas constituindo um mercado concorrencial. Entretanto, na realidade, apenas oito delas dominam mais da metade do mercado na distribuição do etanol, com uma participação de 58,8%, enquanto as outras, ou seja, mais de 162 distribuidoras, representam 41,2% nas vendas nacionais. A rigor, segundo os critérios e metodologia que classificam o grau de concentração do mercado no setor de distribuição dos derivados do petróleo, não se poderia considerar este como um mercado altamente concentrado. A não ser que se recalculasse o grau de concentração com o foco regional e não nacional. Aí sim, encontraríamos regionalmente

FERNANDO NETTO SAFATLE

um grau de concentração dependente da forte presença de mercado das oito distribuidoras em cada região.[1]

---

1 A metodologia do Departamento de Justiça e a Comissão Federal de Comércio dos EUA (1997) que classifica o grau de concentração dos mercados de acordo com os valores do índice H-H. Mercados desconcentrados são aqueles com valores abaixo de 0,1.Entre 0,1 e 0,18 os mercados são classificados como moderadamente concentrados. Um índice H-H acima de 0,18 é indicativo de mercado altamente concentrado e, portanto, sujeito as práticas não competitivas.

Segundo ele, todos os indicadores mostram que este mercado é de concentração baixa, o C-1 = 0,15, C-4 = 0,41 e o IHH = 0,06. Os parâmetros de referência aceitos para um mercado altamente concentrado pelo Sistema Brasileiro de Defesa da Concorrência (SBDC) é C-1>0,2, C-4>0,75 e IHH>0,1.

A metodologia de construção de cada índice é a seguinte:

Índice de concentração econômica Herfindahl-Hirschman (H-H = S_i^2) – participação de cada empresa i (Si) elevado ao quadrado. O índice H-H tende a zero quando à distribuição de quantidades vendidas se torna mais equitativa e o número de firmas tende a infinito. Se o mercado é monopolista, então o valor do índice H-H é igual a um, atingindo o valor máximo de concentração. A vantagem desse índice é que considera a participação de todas as firmas e dá menos peso às empresas menores. O valor do índice H-H aumenta, ou seja, a concentração sobe, quando o número de empresas reduz e ocorre o crescimento da desigualdade entre um dado número de firmas.

Índice C-1: é usado para indicar o exercício unilateral do poder de mercado. Mercados potencialmente concentrados são aqueles nos quais existe ao menos uma empresa que participe com 20%, ou mais, do mercado relevante. Para análise de preços predatórios, sugere-se que a empresa detenha ao menos 35% de participação de mercado.

Índice C-4: é utilizado para indicar a representatividade das quatro principais empresas no mercado selecionado. Mercados potencialmente concentrados são aqueles nos quais existem quatro ou menos empresas que participam com, ao menos, 75% do mercado relevante.

A ECONOMIA POLÍTICA DO ETANOL

PARTICIPAÇÃO DAS DISTRIBUIDORAS NAS VENDAS NACIONAIS
DE ETANOL ETÍLICO HIDRATADO – 2004

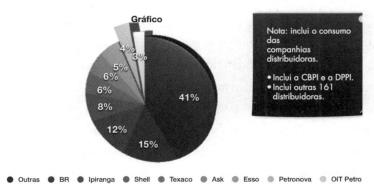

Fonte: ANP/SAB
Nota: Inclui o consumo próprio das companhias distribuidoras.
¹Inclui a CBPI e a DPPI. ² Inclui outras 161 distribuidoras.

O gráfico acima demonstra a participação relativa das maiores distribuidoras de petróleo na distribuição do etanol. A tabela em anexo, demonstra a preponderância das 8 maiores distribuidoras e a formação de um grau de concentração relativa no setor.

Se por um lado a estrutura de mercado existente no segmento de distribuição de derivados de petróleo constitui um grau de concentração relativo, por outro lado, a relação que o setor estabelece com os outros setores, ou seja, o conjunto da obra configura uma situação atípica de mercado: o que chamamos de sistema de dupla face. No vértice dessa estrutura de mercado, se situam as distribuidoras de petróleo, premiadas pelo Decreto nº 82.462, que normatizou a comercialização do etanol. As distribuidoras de petróleo transacionam para frente e para trás: de um lado, com os usineiros, que por sua vez, se estruturam como um cartel e, de outro, comercializa, com

FERNANDO NETTO SAFATLE

uma estrutura teoricamente concorrencial e competitiva, os milhares de postos de combustíveis espalhados pelo país, mas que na prática, também, se cartelizam localmente tendo como base territorial de suas operações os municípios, manipulando os preços.

Do lado da produção do etanol, o processo de concentração e centralização do capital avança de forma acelerada. Os usineiros acumulam capitais individualmente aumentando sua escala de produção, configurando-se assim a concentração de capital. Ao lado desse processo de concentração ocorre, de forma simultânea, a centralização do capital, com fusões e incorporações de capitais existentes. Os dois fenômenos foram discutidos exaustivamente em capitulo anterior e vêm, portanto, ocorrendo de forma combinada no segmento da produção de etanol. Por exemplo,o Grupo Cosan comprou sua 17ª usina de açúcar e etanol, a usina de Bom Retiro, de Capivari (sp), pelo valor de R$ 120 milhões. O Grupo Cosan constitui a maior companhia de açúcar e etanol do país e segunda maior do mundo. Com sua mais recente aquisição, a participação do grupo na produção de cana-de-açúcar no Centro-Sul do país salta de 8,5% para 10%. O seu faturamento bruto anual foi de 1,25 bilhões de litros de etanol em 2006/07. A expectativa é processar 36,5 milhões de toneladas de cana, o que significa 10% da produção total do Centro-Sul. A meta da companhia é atingir uma participação de 20% da produção de cana do Centro-Sul, segundo informou o vice-presidente do Grupo Cosan, Pedro Mizutani, ao jornal *Valor Econômico*. A Cosan visa a sua internacionalização via mercado de capitais e quer formar um fundo de U$ 2 bilhões para avançar no seu processo de aquisições e expansões cujo objetivo é alcançar o processamento de 60 milhões de toneladas de cana por safra. Mais recentemente, em fevereiro de 2010, a Cosan

A ECONOMIA POLÍTICA DO ETANOL

e a SHELL assinaram um acordo para criação de uma join venture que atuará na produção de biocombustiveis, açúcar e cogeração, além da distribuição de combustíveis. A união entre a Cosan e a Shell visa dá porte global ao etanol.

Outro gigante do etanol é a Infinity Bio-Energy, empresa criada e listada na Bolsa de Londres, que tem em mãos U$ 800 milhões para criar uma megaempresa sucroalcooleira. Com U$ 300 milhões comprou quatro usinas e possui hoje capacidade para processar 5,5 milhões de toneladas de cana, investindo mais U$ 550 milhões para processar 15 milhões em 2011.

A Louis Dreyfus Commdities Bioenergia (LD Commodities), subsidiária brasileira do grupo francês Louis Dreyfus, adquiriu as usinas de etanol e açúcar do grupo pernambucano Tavares de Melo. Com a aquisição das quatro unidades industriais, o grupo passa a ser o segundo maior produtor de açúcar e etanol do Brasil, dobrando já em 2007 a capacidade de processamento da cana, para 11,8 milhões de toneladas. Em 2009, a previsão é de processar 18,5 milhões de toneladas. A LD Commdities já opera no Brasil com três usinas: a Cresciumal (sp), a Luciânia (MG) e a São Carlos (SP).

Outra empresa que segue os caminhos trilhados pela Cosan e usina São Martinho é a Organização Odebrecht que comprou 85% da usina Alcídia, de Teodoro Sampaio, do Estado de São Paulo. A usina Alcídia é uma empresa tradicional na produção de etanol e o projeto prevê em 2012, atingir a meta de processar 42 milhões de toneladas de cana, por safra, quando a Alcídia estiver operando com plena capacidade de produção.

Como se vê, caminha célere o processo de concentração e centralização do capital no setor da produção de açúcar e etanol, consolidando

FERNANDO NETTO SAFATLE

cada vez mais uma estrutura de mercado onde predomina a força das grandes usinas que ampliam sua participação através de um processo de crescimento combinado de expansão, fusões e incorporações, influenciando de forma decisiva na formação dos preços. Não se trata de desarticular os monopólios que dominam a produção do açúcar e etanol.

Ninguém seria ingênuo de propor uma medida descabida dessas revertendo a um estágio de desenvolvimento capitalista concorrencial que, na prática, só existiu nos tratados de economia e que corresponde a uma fase do desenvolvimento tecnológico que está distante dos dias de hoje. O que interessa é conceber medidas que possam contrabalançar o peso que exercem os monopólios na administração dos preços das mercadorias. Como exercer um contra peso aos preços de monopólio?

Como os usineiros e produtores de etanol, as distribuidoras de petróleo estabelecem uma relação de mercado com práticas claras de oligopólio – referimo-nos às oito maiores que dominam mais da metade da distribuição de etanol. São duas estruturas de mercado constituídas por um número considerável de empresas, mas que são dominadas por um pequeno número de produtores e que exercem, em cada segmento, a sua força de mercado. Claro, as distribuidoras de derivados de petróleo usufruem de uma situação privilegiada se colocando no centro e vértice dessa estrutura de mercado, transacionando para frente e para trás com os outros segmentos, comprando e vendendo, podendo se beneficiar ganhando diferentemente com cada uma delas, seja, na compra, e seja, na venda, conforme se configuram as estruturas de mercado que está transacionando. No caso, quando transaciona com o segmento produtor de etanol, como se trata de um segmento organizado, constituído por um pouco mais de 360 usinas,

A ECONOMIA POLÍTICA DO ETANOL

mas dominado por um pequeno grupo de megaempresas, essa negociação se torna mais dura, pela força mesma que cada segmento detém no mercado. Nestes casos, a relação de mercado que estabelecem
denomina-se, como já foi mencionado, de oligopsônio.

Por outro lado, quando se trata das distribuidoras de petróleo transacionar com os postos de combustíveis, a natureza da
relação é distinta da que ocorre com os usineiros. Aqui, a relação é de um pequeno número de grandes empresas com milhares
de pequenas empresas. A estrutura de mercado predominante é,
de um lado, oligopólio, com uma estrutura teoricamente concorrencial e competitiva, pois é constituída por inúmeros postos de
combustíveis. Mas, na realidade, os postos de gasolina também se
organizam e negociam através de seus sindicatos, se fortalecendo
na hora de comprar e defendendo suas margens de lucro na hora
de comercializar. Esse poder de mercado se estabelece porque o
mercado se realiza de forma regional e, até mesmo, dependendo
do tamanho da cidade, nas grandes metrópoles, por exemplo, de
forma local, se demarcando por bairros.

Os dados da *Agência Nacional do Petróleo, Gás Natural e
Biocombustíveis* (ANP) mostram a participação anual de cada segmento da cadeia de produção na composição do preço do etanol.
As usinas se apropriam mais do que os outros dois componentes
da cadeia, a saber, as distribuidoras e os postos de combustíveis. Os
dados demonstram que enquanto em 2003 as usinas participavam
na composição do preço do etanol para o consumidor em 49%, em
2005 subiu sua participação para 53%. O segmento da distribuição
de petróleo cresceu pouco: em 2003, de 31%, para 32%, em 2005. Já
os postos de combustíveis diminuíram sua participação de 20%, em
2003, para 15%, em 2005.

Os dados dos gráficos abaixo demonstram a força dos oligopólios se apropriando e obtendo margens maiores em relação a outros elos da cadeia, exatamente pelo fato de existir estruturas diferenciadas de mercado, em prejuízo do segmento onde predomina um maior número de empresas e, por conseguinte, um grau menor de concentração.

Fonte: ANP

O que representa essa estrutura e como isso rebate no preço final do etanol para o consumidor? Em que pese o fato de ocorrer um declínio vertiginoso dos preços praticados em março de 2004, ocasionado por uma desova dos estoques, o restante mostra uma curva de preços ascendente se estabilizando em um patamar acima do preço médio de 0,60 centavos de real o litro do etanol.

Não resta dúvida que essa estrutura existente não permite transmitir os ganhos de qualquer natureza obtidos pela cadeia produtiva do etanol que porventura obtiver. Qualquer ganho de produtividade que se obtiver, ou diminuição de impostos, não rebate na mesma proporção no preço final ao consumidor. A lógica do mercado não funciona aqui. Não existe o imperativo da lei da oferta e da demanda e as livres forças do mercado passam longe na determinação dos preços de mercado do etanol.

A ECONOMIA POLÍTICA DO ETANOL

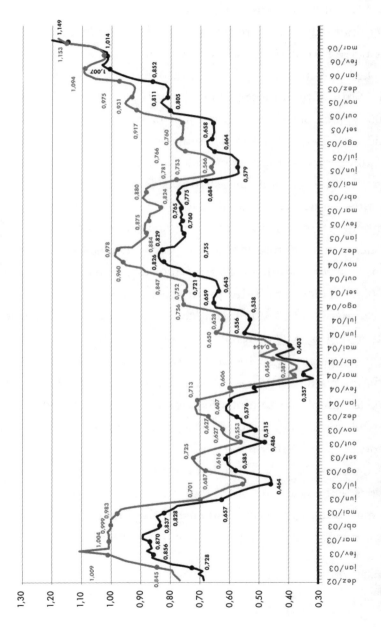

Na realidade, toda esta estrutura existente, funciona de forma combinada com outros fatores que determinam outra lógica, que não é necessariamente a da livre força de mercado.

Se analisarmos a curva de preços do etanol com o da gasolina, durante um intervalo de janeiro de 2002 a fevereiro de 2006, vamos observar uma assimetria em todo período analisado, com pequenas nuances em pontos tópicos, mas, no seu conjunto, mantém uma forte aderência. O que isso significa? Significa que apesar de ter estruturas de custos de produção diferentes, o que permitiria, pela lógica, ter tendências de preços também diferentes, isso não acontece. Os fatores exógenos que influenciam na determinação dos preços da gasolina são determinados por conflitos e guerras internacionais, manipulação da oferta pelos cartéis dos produtores de petróleo e uma série de outras variáveis que fazem com que os preços do petróleo subam de US$ 6,00 no início da crise do petróleo, na década de 70, para mais de US$ 100,00 o barril, em janeiro de 2008. Ora, as variáveis que determinam a estrutura de custos na produção de etanol são totalmente diferentes e são definidas pela constelação de fatores de produção disponíveis no mercado, como terra, mão-de-obra e capital. Entretanto, a curva de preços do etanol e da gasolina não obedece esta lógica diferente de custos, mas a uma outra lógica dos preços administrados, da manipulação da oferta e da especulação ditada pelas estruturas de mercado monopolistas em nível internacional.

A ECONOMIA POLÍTICA DO ETANOL

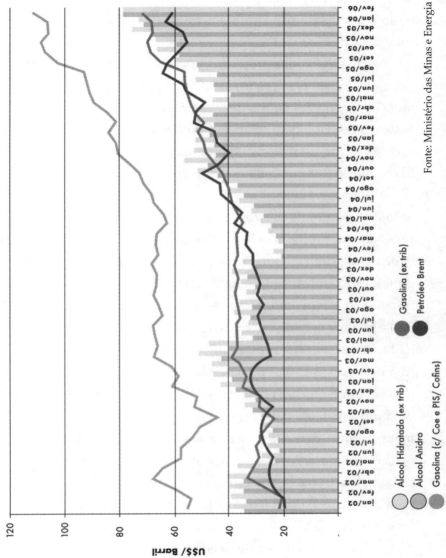

Como o etanol é um bem sucedâneo à gasolina, sua curva de preços obedece à curva de preços da gasolina, independentemente do que possa ocorrer com a estrutura de custos no processo produtivo de cada mercadoria.

Assim sendo, seus preços mantém entre si uma forte aderência, como é visto pelo gráfico acima e, tendo esta propriedade, se junta com os outros fatores de mercado tal qual a estrutura oligopolizada do setor, para colar seus preços um em relação ao outro e, dessa forma, estabelecer uma forte resistência em repassar ganhos, que porventura cada um obtiver, aos consumidores.

Como agravante, o mercado não dispõe de nenhuma situação que possibilite exercer uma força de contra peso capaz de pressionar os preços para baixo. O gráfico abaixo mostra a fragilidade do mercado em relação aos estoques de etanol nos anos recentes, especialmente, da safra de 2000 adiante, tanto no que diz respeito ao etanol anidro, quanto ao hidratado. Essa fragilidade na disponibilidade de estoques de etanol tira qualquer possibilidade de exercer uma pressão de oferta em determinada conjuntura puxando os preços para baixo.

Em um momento em que o setor do etanol está submetido a uma pressão de demanda por etanol oriunda tanto do mercado interno como externo, é claro que não se consegue estabelecer um nível de estoques. A possibilidade aventada pelo governo de controlar os preços mantendo estoques reguladores é de pouca eficácia. Para que isso ocorra, o investimento no setor devera aumentar em muito, dobrando a produção atual de etanol, diminuindo a pressão, satisfazendo a demanda reprimida existente no mercado interno e externo e investindo maciçamente na estocagem.

A ECONOMIA POLÍTICA DO ETANOL

Somente assim o governo poderá manter um estoque regulador e pressionar os preços para baixo.

A alternativa aponta para um choque de oferta, garantida, sem dúvida, pela autorização dos postos comprarem etanol diretamente dos produtores rurais e, assim, impulsionar a produção de etanol de forma democratizada e em todos os rincões deste país. Assim, estaria garantido não só o aumento da produção e oferta de etanol, mas ao mesmo tempo, uma transformação na estrutura de mercado criando mais concorrência e competição, o que romperia com o cerco estabelecido pelos oligopólios. Dessa forma, na medida em que se multiplicasse aos milhares a produção de etanol em nível dos pequenos e médios produtores, cooperativas e associações de assentados da reforma agrária, estariam se estabelecendo uma pressão de oferta de baixo para cima, garantindo um suprimento em cada localidade e município e abastecendo à curta distância os postos de combustíveis.

Com o aumento da oferta de etanol produzido pelas micro e médias destilarias voltadas para o abastecimento dos mercados locais e regionais ocorrerá, consequentemente, uma diminuição do custo do frete e o corte dos ganhos da intermediação das distribuidoras de petróleo, eliminadas da comercialização. Certamente, com isso, o preço do etanol se reduzirá para o consumidor. É necessário encurtar a distância entre a produção e o consumo cortando os incrementos de custos existentes de forma desnecessária e irracional. Assim, a forte aderência dos preços do etanol e os preços da gasolina serão impactados pela oferta regional de baixo custo.

O passeio institucionalizado do etanol onera, de forma desnecessária, o seu preço final. No caso do etanol anidro, que tem que

149

FERNANDO NETTO SAFATLE

ser misturado à gasolina na proporção de 25% para garantir o controle de qualidade da mistura, se admite sua intermediação pelas distribuidoras de petróleo. Entretanto, no caso do etanol hidratado, esse passeio não se justifica, já que seu consumo é feito diretamente pelos carros *flex*. Seu passeio é totalmente desnecessário e irracional do ponto de vista econômico, penalizando, sobretudo, os consumidores das regiões onde se observa uma produção pequena de etanol, subordinadas ao abastecimento pelas regiões produtoras do Sudeste e Nordeste do país.

A figura abaixo demonstra o passeio do etanol que sai da destilaria e vai ser recolhido pelo sistema de coleta das distribuidoras ate chegar aos postos de combustíveis.

DISTRIBUIÇÃO ALTERNATIVA MULTIMODAL

150

A ECONOMIA POLÍTICA DO ETANOL

Segundo dados da ANP, o preço médio do etanol hidratado ao consumidor no Brasil, em 2004, era de R$ 1,212. A diferença de preço ao consumidor entre as regiões é significativa, especialmente quando se trata de comparar regiões onde se concentra a produção de etanol com as que produzem muito pouco ou mesmo quase nada, conforme já demonstramos no mapa da sua distribuição regional. Não é por acaso, portanto, que a região Sudeste, onde concentra grande parte da produção nacional de etanol, obtém um preço ao consumidor mais vantajoso do que qualquer outra região, ou seja, R$ 1,087, bem abaixo da média nacional. E se observarmos intra-regionalmente, existe uma variação também significativa: São Paulo, onde se concentra 67% da produção nacional consegue obter os preços mais vantajosos, R$ 0,972, conforme mostra a tabela abaixo.

Grandes Regiões e Unidades da Federação	Preço médio do etanol etílico hidratado ao consumidor (R$/l)			
	2001[1]	2002	2003	2004
Brasil	1,025	1,038	1,347	1,212
Região Norte	1,238	1,311	1,764	1,644
Rondônia	1,252	1,306	1,727	1,585
Acre	1,339	1,360	1,819	1,769
Amazonas	1,214	1,228	1,616	1,497
Roraima	1,297	1,363	1,751	1,624
Pará	1,341	1,356	1,931	1,877
Amapá	1,363	1,382	1,949	1,873
Tocantins	1,204	1,236	1,559	1,373

Região Nordeste	1,143	1,145	1,534	1,435
Maranhão	1,237	1,260	1,728	1,624
Piauí	1,271	1,261	1,711	1,634
Ceará	1,175	1,158	1,557	1,426
Rio Grande do Norte	1,147	1,123	1,582	1,401
Paraíba	1,124	1,103	1,479	1,400
Pernambuco	1,069	1,062	1,414	1,332
Alagoas	1,070	1,084	1,439	1,330
Sergipe	1,133	1,148	1,525	1,424
Bahia	1,186	1,213	1,598	1,491
Região Sudeste	0,947	0,962	1,246	1,087
Minas Gerais	1,053	1,061	1,435	1,333
Espírito Santo	1,155	1,111	1,379	1,235
Rio de Janeiro	1,035	1,065	1,404	1,281
São Paulo	0,874	0,893	1,132	0,972
Região Sul	1,070	1,095	1,412	1,302
Paraná	0,918	0,950	1,234	1,156
Santa Catarina	1,133	1,150	1,485	1,375
Rio Grande do Sul	1,191	1,223	1,572	1,425
Região Centro-Oeste	1,092	1,121	1,446	1,373
Mato Grosso do Sul	1,144	1,114	1,474	1,435
Mato Grosso	1,079	1,165	1,559	1,507
Goiás	1,028	1,060	1,368	1,255
Distrito Federal	1,174	1,218	1,517	1,481

Fonte: ANP

A ECONOMIA POLÍTICA DO ETANOL

O gráfico abaixo mostra a evolução nos preços do etanol hidratado, tomando uma média das capitais brasileiras. A variação de preços do produtor de etanol para o preço do revendedor é significativa, em qualquer momento que se observar, seja no pico da safra, ou mesmo, na entressafra. As variações de preços são muito pequenas analisadas em uma tendência histórica dilatada. Se compararmos os preços do produtor com os preços do revendedor em janeiro de 2004, vamos verificar uma variação de R$ 0,60 para o produtor, enquanto para o revendedor de R$ 1,40. Uma diferença, portanto, de mais de 100% no preço do etanol hidratado. Em fevereiro de 2006, a variação de preços é um pouco menor, mas, mesmo assim, não deixa de ser significativa, de R$ 1,15 para R$ 1,90. O que aconteceria se eliminasse o intermediário neste caso? Não resta dúvida, que uma parte considerável desta intermediação seria repassada ao consumidor. Outra parte é claro, diante da estrutura de mercado oligopolizada existente no setor não permite repassar ganhos na sua totalidade de um segmento a outro.

153

FERNANDO NETTO SAFATLE

ÁLCOOL HIDRATADO – EVOLUÇÃO DE PREÇOS
(MÉDIA DAS CAPITAIS BRASILEIRAS)

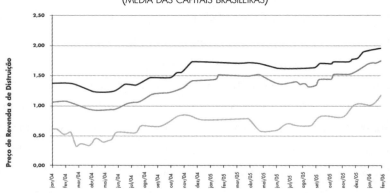

Fonte: Ministério da Minas e Energia

MÉDIA NAS CAPITAIS

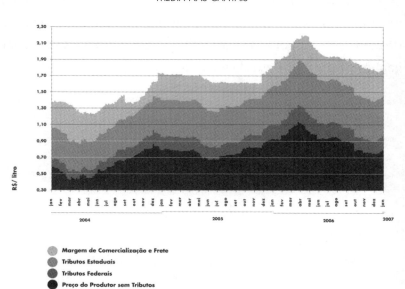

- Margem de Comercialização e Frete
- Tributos Estaduais
- Tributos Federais
- Preço do Produtor sem Tributos

Fonte: Ministério da Minas e Energia

O CARRO FLEX E A
SOBERANIA DO CONSUMIDOR

O programa do etanol só voltou a ter força quando a indústria automobilística desenvolveu o carro bicombustível. Lançados em março de 2003, os veículos que funcionam com etanol e gasolina já representam quase 90% das vendas de novos veículos leves no Brasil. As vendas acumuladas de carros *flex* evoluíram de 48,2 mil unidades em 2003 para 2,3 milhões, em 2008. Atualmente as vendas de carros bicombustíveis alcançam uma frota de mais de 6 milhões de veículos.

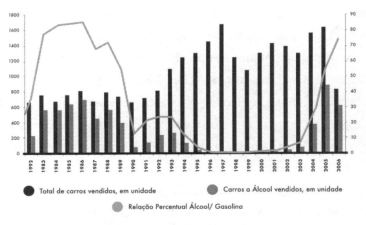

VOLUME DE VENDAS EM CARROS A ÁLCOOL E A GASOLINA

Elaboração: Conab – até junho de 2006. Fonte: Anfavea

O gráfico anterior demonstra a evolução da curva de demanda do total dos carros vendidos e a participação relativa dos carros vendidos a etanol até 1995/96 e, a partir de 2003, o crescimento dos carros bicombustíveis comercializados no mercado.

A relação percentual de etanol e a gasolina são altas no período de 1982 a 1989, quando estava em ascensão o carro a etanol e retoma seu percentual ascendente a partir de 2003, com o advento do carro bicombustível.

A tecnologia *flex* vem sendo desenvolvida no Brasil desde meados dos anos 90. A grande vantagem é que o consumidor brasileiro dispõe de um poder de arbítrio que não tinha quando o carro era totalmente a etanol, ou era a gasolina. Com isso, é claro, recuperou sua confiança e não precisa mais ficar com receio dos atropelos do passado quando estava totalmente vulnerável às crises de desabastecimento.

A evolução do conhecimento tecnológico na fabricação dos carros movidos a etanol foi, indiscutivelmente, fantástica. O Fiat 147 foi o primeiro carro a etanol com motor 1.3. A produção dos primeiros carros estava destinada às frotas governamentais e taxistas. A Fiat, como as outras montadoras, trabalharam na solução de vários problemas surgidos com os carros a etanol. Em dias frios tinham dificuldades em dar a partida, além de apresentar problemas no carburador e mangueiras, com a rápida corrosão. Com o tempo, as montadoras foram evoluindo a tecnologia e corrigindo o seu desempenho. A chegada da injeção eletrônica, que injeta gasolina automaticamente, foi um grande avanço como, também, a eliminação dos carburadores e distribuidores. Agora, com o salto tecnológico conseguido com os carros bicombustíveis, a era do etanol voltou a ganhar terreno.

A ECONOMIA POLÍTICA DO ETANOL

Em 2007, as vendas totais atingiram 2,97 milhões de veículos com um incremento de 13,9% dos veículos vendidos em 2006. O crescimento na produção de veículos bicombustíveis vem dando saltos significativos alcançando em 2007, 86% das vendas totais realizadas no mercado interno, conforme os dados na tabela abaixo da Anfavea.

PRODUÇÃO DE VEÍCULOS NO BRASIL ENTRE 1979 E 2008

Produção total de veículos a gasolina e etanol e
Relação ao total (%)

	Gasolina	Etanol	%	Flex
1979	1.127.966	4.624	0,41	
1980	1.165.174	254.015	21,80	
1981	780.841	128. 828	16,50	
1982	859.270	237.585	27,65	
1983	896.454	592.984	66,15	
1984	864.654	560.492	64,82	
1985	966.706	642.147	66,43	
1986	1.056.332	699.183	66,19	
1987	920.071	460.555	50,06	
1988	1.068.756	569.310	53,27	
1989	1.013.252	398.275	39,31	
1990	914.466	83.259	9,10	
1991	960.219	150.877	15,71	
1992	1.073.861	193.441	18,01	
1993	1.391.435	264.651	19,02	
1994	1.581.389	142.760	9,03	
1995	1.629.008	40.484	2,49	
1996	1.804.328	7.732	0,43	
1997	2.069.703	1.273	0,06	
1998	1.586.291	1.451	0,09	

1999	1.356.714	11.314	0,83	
2000	1.691.240	10.106	0,60	
2001	1.817.116	19.032	1,05	
2002	1.791.530	56.594	3,16	
2003	1.561.285	34.173	4,61	49.264
2004	1.682.167	51.012		332.507
2005	1.334.189	51.476		857.899
2006	997.134	775		1.391.626
2007	769.913	3		1.933.902
2008	633.966	0		2.243.648

Fonte: ANFAVEA, abril de 2009

Mas vale a pena salientar um ponto importante. Como a produção de etanol é extremamente concentrada em algumas regiões, especialmente no Sudeste e parte do Nordeste, o encurtamento das distâncias entre produtor, distribuidores e postos de combustíveis é bem menor do que em outras regiões. Dessa forma, nem todos os brasileiros, possuidores do carro flex, podem usufruir de maneira igual de seus benefícios. Dependendo da região do país onde mora ele poderá ou não ter a possibilidade de estar usufruindo dos benefícios do carro flex e do programa do etanol. O gráfico abaixo discrimina por capitais brasileiras a paridade de preços do etanol com a gasolina e demonstra claramente as cidades que melhor se beneficiam com os preços do etanol abaixo do percentual de 70%. As três capitais que tiram mais vantagem da paridade são: Recife, com o percentual mais baixo de 64,7%, São Paulo, com 66,1% e, Maceió, com 66,4%, levando em conta os preços praticados em fevereiro de 2006. As que obtêm a paridade mais elevada do etanol com a gasolina, por outro lado, são: Belém, com o percentual de 88,1%, Porto Alegre, com 84,9%, Macapá, com 83,9% e Belo Horizonte, com 81,9%.

PARIDADE DE PREÇOS: ETANOL X GASOLINA
CAPITAIS BRASILEIRAS – SEMANA DE 31/DEZ/2006 A 6/JAN/2007

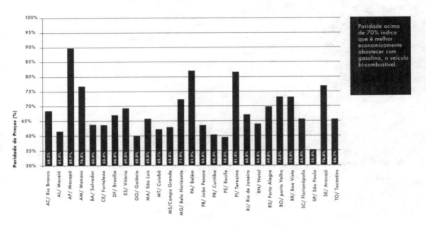

Fonte: Ministério das Minas e Energia

Como se vê, os consumidores que mais se beneficiam com a paridade de preços do etanol em relação à gasolina são os que se localizam nas regiões e cidades mais próximas da concentração da produção de etanol. A análise feita foi realizada em meses que podem ser considerados atípicos, pelo fato de que os meses de dezembro a fevereiro são considerados períodos de entresafra, dado que a produção de etanol no Centro-Sul se concentra a partir dos meses de maio a outubro.

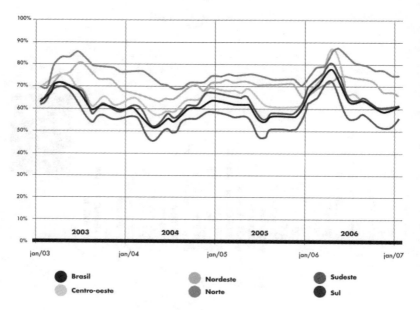

PARIDADE ETANOL X GASOLINA POR REGIÕES

Fonte: Ministério das Minas e Energia

Por outro lado, um período mais largo, corrige qualquer distorção que possa ocorrer com a sazonalidade da produção de etanol no país. O gráfico acima mostra a paridade dos preços do etanol comparado à gasolina anualisada de 2003 a 2006. Ao longo do período, independente da sazonalidade, e em todos os anos, a região Norte detém preços do etanol desfavoráveis em relação à gasolina. Ou seja, a população não se beneficia de nenhuma forma da produção de etanol e de suas vantagens de preços em relação à gasolina. Em menor escala, mas também, de forma desvantajosa, sobretudo, em relação à região Sudeste, a região Nordeste não se beneficia da produção do etanol. As regiões Centro-Oeste

A ECONOMIA POLÍTICA DO ETANOL

e Sul assemelham-se, se beneficiando dos preços relativos do etanol em alguns meses do ano e em outros não. Diferentemente de todas as regiões, mesmo porque concentra 64% da produção de etanol do país, a região Sudeste obtém ganhos de renda comparativos em relação a outras regiões.

Nos meses de janeiro, fevereiro e março de 2006 os preços do etanol extrapolaram os níveis praticados em períodos anteriores, ultrapassando em todas as regiões do país, inclusive a região Sudeste, as vantagens comparativas do preço do etanol em relação à gasolina, conforme demonstra o gráfico acima. Nestas circunstâncias, o governo convocou para uma mesa redonda o setor sucroalcooleiro para fazer um acordo e restabelecer os preços normais de mercado, que chegaram a serem praticados em algumas capitais ao preço de R$ 2,30 o litro do etanol. O acordo não durou dias, mostrando mais uma vez que as livres forças do mercado, diante da força real dos oligopólios, funcionam como verdadeiras histórias da carochinha. Estão lá nos manuais de economia, sempre com a ressalva dos mestres, que somente funcionam em condições *ceteris paribus*, ou seja, em alto nível de abstração, distante de qualquer realidade concreta do mundo capitalista em que vivemos.

163

O DECRETO DE GEISEL: UM PROGRAMA DE ETANOL EXCLUDENTE

O Proalcool foi criado em 14 de novembro de 1975 com o objetivo de estimular a produção de etanol visando o atendimento do mercado interno e externo. No início do programa, o esforço foi direcionado para a produção de etanol anidro voltado para a mistura com a gasolina.

Somente em 1978, surgiram os primeiros carros movidos exclusivamente a etanol. No entanto, foi exatamente nesse mesmo ano que o presidente da época Ernesto Geisel, aprovou o Decreto n° 82.476, que normatiza a comercialização do etanol combustível diretamente das usinas às distribuidoras de petróleo. É interessante notar que esse decreto passou despercebido mas se formos analisar as distorções principais que ocorreram a partir daí no programa de etanol, veremos que se deve fundamentalmente à sua vigência até os dias de hoje.

O Decreto n° 82.476, da época do presidente Ernesto Geisel, já foi revogado, transferindo, por portaria, para a ANP suas atribuições de regular as atividades relativas ao abastecimento nacional de petróleo, gás natural, seus derivados e biocombustíveis,

FERNANDO NETTO SAFATLE

definido na Lei n° 9.847, de 26 de outubro de 1999. A Resolução n°
5, de 13 de fevereiro de 2006, da ANP, por sua vez, ratifica uma série
de atribuições e reforça procedimentos e normas na comercialização do etanol referente aos fornecedores, produtores e distribuidores. Essas medidas que tratam da comercialização do etanol anidro
e hidratado e que apenas reforçam os procedimentos e normas do
Decreto n° 82.476 são publicadas na íntegra, como anexos.

O importante é que as normas que promoveram as distorções
no Proalcool, instituídas pelo Decreto n° 82.476 de 1978, vigoram
até hoje, ao estabelecer que os produtores de etanol carburante só
possam comercializar sua produção diretamente às companhias
distribuidoras de derivados de petróleo. À Petrobrás e às outras
distribuidoras de petróleo não interessam adquirir etanol de pequenos produtores, que produzem 200 litros a 10 mil litros/dia,
por exemplo. Elas fecham contratos de compra em grandes quantidades de etanol que são produzidas pelas grandes usinas. Assim,
a instituição do referido decreto engessou a produção e simplesmente alijou o pequeno e médio produtor rural do negócio do etanol, centralizando-o nas mãos dos grandes produtores e usineiros.
Hoje, os cerca de 27 bilhões de litros de etanol produzidos no país
são produzidos por apenas 360 grandes usinas de etanol. O processo de acumulação de capital de forma intensiva que vive hoje o setor sucroalcooleiro somente aumenta o seu grau de concentração e
centralização, com aumento do tamanho das unidades produtivas
e um acelerado processo de fusão e incorporação entre elas.

Dentro dessas preocupações, vários projetos já foram elabora-
dos e tramitam no Congresso Nacional, de autoria de alguns par-
lamentares visando alterações na legislação vigente, que propõem

A ECONOMIA POLÍTICA DO ETANOL

quebrar o monopólio no setor e permitindo os postos de combustíveis comprarem o etanol diretamente do produtor rural. Os deputados Fernando Coruja, Ronaldo Vasconcelos, Wagner Rossi e o senador Jorge Bornhausen apresentaram projetos que de uma forma ou de outra tratam da permissão da comercialização do etanol diretamente entre as usinas e os postos revendedores. São projetos apresentados desde 1989 e que, ou foram arquivados, ou ainda, estão tramitando no Congresso. O importante é constatar o fato de que existem iniciativas que convergem para a proposta da permissão de venda direta do etanol diretamente do produtor rural aos postos de combustíveis.

O governo de Minas Gerais, em 12 de janeiro de 2005, promulgou a Lei n° 15.456 que regulariza a produção, distribuição e venda de etanol combustível, produzidos por pequenos produtores no Estado de Minas Gerais.[1] Ainda define política de incentivo as micro destilarias de etanol e beneficiamento de produtos derivados da cana-de-açúcar. Através desse instrumento, os pequenos produtores de etanol poderão ter acesso às linhas de crédito se associar e fazer parcerias com instituições de pesquisa. Apesar da relevância da iniciativa do governo de Minas Gerais em criar uma legislação que fomenta e ampara o pequeno produtor com linhas de crédito e pesquisa, assentamentos rurais e cooperativas de produtores na instalação de micro destilarias de etanol, ainda é necessário desatar o nó da comercialização.

A produção tem uma comercialização limitada. Os postos de combustíveis continuam não podendo adquirir o etanol

---

1 Texto da Lei n° 15.456; ver Anexos.

diretamente dos produtores rurais. Essa é a amarra que impede deslanchar a multiplicação das micro destilarias de etanol, não só em Minas Gerais, mas em todo o país.

Por se tratar de um produto estratégico em nível do processo produtivo que tem interferência na planilha de custo de qualquer mercadoria, obviamente tem impacto direto no processo inflacionário. Hoje o país paga, certamente, um preço altíssimo ao adotar medidas de política econômica de corte monetarista, mais especialmente, o uso sistemático de políticas de aumento nas taxas de juros, como medida de combate à inflação. Qualquer percentual de aumento nas taxas de juros tem um impacto nas finanças públicas, com incremento no estoque da dívida. Nos últimos anos, mais precisamente a partir do segundo mandato de FHC, apesar das privatizações, e a venda das empresas públicas, a dívida pública aumentou em 1998, até os dias de hoje, de 60 bilhões de dólares, para cerca de um trilhão de dólares. Ao passo que, se pudesse trabalhar com um componente estrutural com peso na economia como um todo, aumentando sua oferta de tal forma que fosse distribuída regionalmente, ou seja, de forma mais racional do que existe hoje, o impacto iria gerar efeitos positivos direto na diminuição dos custos de produção da economia como um todo, atuando como pressão na diminuição da inflação. Não se pode deixar de considerar o fato de que o sistema de transportes no Brasil se sustenta em mais de 80% no sistema rodoviário. É evidente que na medida em que puder ser ofertado um combustível mais barato, como é o caso do etanol, terão reflexos na redução dos custos de produção da economia, dado o seu papel estratégico na matriz energética. Assim como, quando se puder

A ECONOMIA POLÍTICA DO ETANOL

desenvolver uma tecnologia que possibilitará transformar os motores diesel dos caminhões, ônibus, tratores e colheitadeiras de grãos em transportes movidos a etanol, o impacto será ainda maior na redução dos custos de produção. O avanço no uso da cana de açúcar como matéria prima na produção de combustível usado no transporte também coletivo e no próprio processo produtivo como um todo, atuará certamente como força de pressão anti-inflacionaria produzindo um círculo virtuoso incalculável na economia. Na realidade este avanço tecnológico esta sendo realizado no Brasil por uma multinacional do grupo Fiat, a FPT Powertrain Technologies desenvolvendo um motor a propulsão que utiliza etanol no lugar do óleo diesel.[2]

O biodiesel também poderá desempenhar esse papel na medida em que puder ser produzido em grande escala. Assim, o transporte coletivo terá seus custos reduzidos, com notório impacto no avanço de energia limpa e renovável na matriz energética e um efeito multiplicador na economia vigoroso.

---

2 O motor Cursor 8 E-100 movido a etanol é uma variante do modelo diesel e gás fabricado pela empresa do grupo Fiat, a FPT Powertrain Technologies na Europa. Para a conversão do motor foi realizada a aplicação dos sistemas de ignição e injeção indireta OTTO (combustão de ignição por centelha) em motor Ciclo Diesel, sendo necessária modificação do cabeçote, tanque que fecha a parte superior do bloco de cilindros, para a instalação desse sistema. O motor a propulsão que utiliza etanol no lugar do óleo diesel está previsto para entrar no mercado brasileiro em 2011 e poderá ser usado em caminhões, tratores e motobombas. *Ourofinoagronegócio-Noticias de Mercado* –10/10/2009.

AS MICRODESTILARIAS E A DEMOCRATIZAÇÃO DO PROGRAMA DO ÁLCOOL

A natureza foi indiscutivelmente pródiga com o nosso país. Certamente, não se comete nenhum desmedido ufanismo ao constatar a dádiva que ela nos propiciou. Rico em solo e com disponibilidade de terras agricultáveis, abundância de água e sol como nenhum outro lugar. Aliada à natureza, ainda fomos capazes de desenvolver uma tecnologia que nos permitiu produzir através da biomassa o etanol e o biodiesel. Da cana-de-açúcar se extrai o etanol e das oleaginosas o biodiesel. O incrível nisso tudo é que essa tecnologia está disponível a qualquer proprietário rural, independente do tamanho e da localização de sua terra e combinando com os seus fatores de produção dispõe de um potencial inimaginável: um verdadeiro "poço de petróleo" em sua propriedade. Com apenas um hectare de cana, pode se produzir em média 80 toneladas de cana, cerca de 5.000 litros de etanol, o equivalente a 60 barris de petróleo. Um pequeno proprietário rural pode produzir economicamente o etanol combustível, através de uma micro destilaria, com a vantagem de estar produzindo energia renovável e limpa. Uma riqueza incomensurável sobre seus pés.

A grande interrogação que se faz é por que milhões de pequenos e médios produtores rurais estão alijados do processo produtivo do etanol e não participam dessa cadeia virtuosa da agroenergia? Pela lei em vigor, o etanol combustível, que é produzido nas 360 usinas só pode ser comercializado para as cerca de 100 distribuidoras autorizadas pela ANP, que por sua vez, depois de dar um longo passeio, chegam aos 30 mil postos de combustíveis espalhados pelo país. As distribuidoras de petróleo não vão adquirir etanol de pequenos e médios produtores, produzindo em pequena escala e pulverizados no território nacional, o que aumentaria em muito os custos do frete. Sem escala de produção, os pequenos e médios produtores rurais foram alijados do processo produtivo, ficando à margem do mais lucrativo negócio da agroindústria no país.

Para se ter noção da diferença de rentabilidade existente hoje no agronegócio do etanol, basta comparar o número de sacas de soja que um arrendatário recebe por hectare, por exemplo, no sul e sudeste de Goiás, onde ainda não avançou a plantação de cana-de-açúcar, com o proprietário de terras na região de Ribeirão Preto, em São Paulo, que arrenda suas terras para a produção de cana. Enquanto o proprietário de terras no sul e sudeste de Goiás recebe no sexto ano de arrendo do plantador de soja, 6 a 8 sacas de soja por hectare, em São Paulo o proprietário rural recebe pelo mesmo hectare arrendado para o plantio de cana de 35 a 60 sacas de soja, dependendo da região. A diferença de rentabilidade do negócio da cana-de-açúcar em relação com a produção de soja é enorme. Ao comparar a rentabilidade do negócio do etanol com outras atividades produtivas agrícolas, a

A ECONOMIA POLÍTICA DO ETANOL

diferença se distancia ainda mais quando se estabelece um comparativo com a rentabilidade da pecuária, quando essa relação se amplia consideravelmente.

Alijar o pequeno produtor do negócio do etanol é privá-lo de explorar uma atividade econômica que viabiliza economicamente o seu negócio. O potencial de geração de energia que a natureza propiciou nesse país é simplesmente fantástico. Basta termos visão para desatar os nós que nos amarram em um sistema de mercado oligopolizado e que concentra a produção e renda nas mãos de uns poucos para podermos deslanchar e transformar a produção da agroenergia em um desenvolvimento autônomo, possibilitando a cada produtor rural ou associado em cooperativas de pequenos e médios produtores, explorar os seus "poços de petróleo" de forma renovável e limpa. Ainda se considerarmos que o processo tecnológico é de domínio nacional e acessível a qualquer pequena oficina de serralharia capaz de produzir uma moenda, uma caldeira e um alambique, com um custo ao alcance do pequeno e médio produtor rural, teremos ideia do potencial de multiplicação de micro destilarias produtoras de etanol no país.

Segundo estudos do BNDES,[1] o Brasil colhe, em média, 74 toneladas de cana por hectare. As regiões produtoras de cana, entretanto, produzem diferentes produtividades na agricultura da cana. No Centro-Sul, a produtividade média é de 81 ton/ha (atingindo 83 em São Paulo). No Norte/Nordeste, a produtividade é bem menor alcançando apenas 65 ton/ha. Para efeito de cálculo, podemos considerar como média de produtividade 70 ton/ha.

---

1   Ampliação do Etanol e coogeração de energia elétrica-BNDES

177

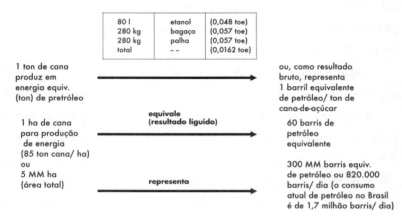

Fonte: BNDES

Por outro lado, o rendimento industrial médio das usinas brasileiras, segundo o mesmo estudo do BNDES, é de 80 litros de etanol por tonelada de cana. A média do Centro/Sul é de 83 l/ton (atingindo 85 em São Paulo), enquanto no Norte/Nordeste é de 70 litros por tonelada. A melhora de rendimento industrial se deve a algumas fábricas de equipamentos instaladas em São Paulo, como Dedini, Zenini, Codistil e outras que vêm desenvolvendo um trabalho de aprimoramento tecnológico voltado para a melhoria da eficiência e eficácia do processo produtivo, com estudos, inclusive, de reaproveitamento do bagaço.

Vamos considerar a média de 60 litros por tonelada de cana. Trabalhando 210 dias durante a safra, podemos considerar 180 dias úteis, com aproveitamento de 86% do tempo, para utilizarmos os padrões de produção simulados pelo BNDES.

Portanto, exemplificando:

Um pequeno produtor produz cana em 5 hectares.

A ECONOMIA POLÍTICA DO ETANOL

5 hectares vezes 70 ton/hectare= 350 toneladas de cana.
350 toneladas de cana vezes 60 litros de etanol/ton = 21.000 litros de etanol por ano.

Considerando que uma micro destilaria produz em média 21 mil litros de etanol por safra e admitindo um preço médio de até R$ 1,00 o litro, ela pode ter um faturamento bruto de R$ 21.000,00. Ora, R$ 21.000,00 por ano, significa um rendimento bruto de R$ 1.750,00 por mês, uma renda que o pequeno produtor rural não consegue extrair de sua propriedade explorando suas atividades correntes, especialmente a pecuária de corte ou de leite. Se considerarmos, por exemplo, uma exploração na mesma área de 5 hectares com o cultivo de soja – uma atividade considerada das mais rentáveis – esse produtor obteria uma renda anual de R$ 9.000,00, com uma produtividade média de 60 sacas por hectare e um preço médio de R$ 30,00 por saca de soja considerada um preço médio praticado no mercado.

Com a soja, o pequeno produtor obteria menos da metade da renda que ele poderia obter com a micro destilaria de etanol. Com a produção de uma micro destilaria de etanol ele obteria uma renda bruta mensal de R$ 1.750,00 e, com a soja, sua renda bruta alcançaria R$ 750,00. Isso na melhor das hipóteses, já que na quase totalidade dos casos, o uso alternativo que ele faz da sua área é na exploração de uma atividade muito menos rentável, como é o caso da pecuária de leite, cultivo de milho ou de mandioca. Mas o argumento não se esgota, já que poderia se levantar a questão dos custos de produção e investimentos necessários para explorar uma atividade ou outra. O custo de plantio da cana-de-açúcar pode ser calculado em R$ 2.000,00 por hectare, o que significa um

179

FERNANDO NETTO SAFATLE

investimento na atividade agrícola de R$ 10.000,00. No caso da soja, o investimento no seu plantio é menor em média, em torno de R$ 1.200,00 por hectare, totalizando R$ 6.000,00, portanto, bem abaixo dos R$ 10.000,00 necessários para o plantio da cana-de-açúcar. Só que, no caso da cana-de-açúcar ela vai dar corte durante cinco anos de plantio, necessitando apenas de uma manutenção do canavial, o que significa apenas um pequeno investimento com cobertura de adubação e defensivos. Em relação à soja, é diferente: o plantio deve ser renovado todos os anos. Na cana-de-açúcar os investimentos maiores se depreciam durante os cinco anos, diminuindo seus custos relativos em relação à soja.

A implantação de uma micro destilaria para produção de etanol em uma pequena propriedade rural significa inseri-la no lucrativo negócio do etanol e criar as condições para viabilizar economicamente outras atividades produtivas que explora em sua pequena propriedade, através do uso dos subprodutos da cana, como o bagaço e o vinhoto. Além do fato de permitir uma forte integração com suas atividades tradicionais, como a atividade da pecuária leiteira.

A micro destilaria possibilitará um desenvolvimento auto-sustentável da pequena e média propriedade, pois será capaz de produzir sua própria energia, podendo usar parte para o seu consumo, reduzindo seus custos de produção e o excedente e poderá comercializar de maneira independente, na medida que a legislação for alterada e permitir que os postos adquiram o etanol diretamente dos produtores rurais. Ao permanecer na situação atual, marginalizado da produção do etanol, o que se vê é uma situação de penúria e um processo de descapitalização crescente do pequeno produtor rural.

180

A ECONOMIA POLÍTICA DO ETANOL

Se considerarmos que o custo médio para implantar uma destilaria está calculado em torno de R$ 90,00/ton de cana, segundo dados do trabalho citado do BNDES, o pequeno produtor que produzir 350 toneladas em 5 hectares de cana-de-açúcar, montará sua micro destilaria com um investimento, em média, de R$ 32.000,00. Desse total de R$ 32.000,00 de investimento, 70%, cerca de R$ 22.000,00, são destinados ao investimento na parte industrial e os outros 20% dos recursos, ou seja, cerca de R$ 10.000,00, são destinados para a parte agrícola. Recurso esse que não é tão significativo para o pequeno produtor e que está disponível através dos programas governamentais de financiamento à agricultura familiar, nas carteiras de financiamento do próprio BNDES e, no caso do Centro-Oeste, Norte e Nordeste, nas linhas de financiamento dos Fundos Constitucionais que disponibilizam recursos consideráveis aos pequenos e médios produtores, em condições extremamente vantajosas, com juros de 3% a 8% anuais.

A situação da grande maioria dos assentamentos rurais implantados no país não é diferente ou, em muitos casos, bem pior, produzindo, quando muito, apenas para seu próprio consumo. Sem capacidade para produzir um excedente que possa comercializar e gerar renda, a maioria dos assentamentos não consegue viabilizar economicamente seu empreendimento.

A formação de uma associação ou cooperativa de um conjunto de assentados rurais poderia muito bem implantar uma micro destilaria, ou dependendo do número de associados, uma de porte médio. O fato é que tanto em relação ao pequeno produtor individual ou a uma cooperativa de pequenos produtores rurais, como também, uma associação dos assentamentos rurais, a micro destilaria de etanol seria uma alternativa de produção que viabilizaria economicamente suas atividades produtivas, inserindo-os no lucrativo negócio do etanol. Assim, o pequeno produtor rural poderia produzir etanol para o seu consumo próprio e o excedente ser comercializado através de um posto de combustível mais próximo.

Na pesquisa do BNDES citada acima, calcula-se que, para cada tonelada de cana moída, se produza cerca de 140 kg de bagaço. Ora, considerando uma micro destilaria que processa 350 toneladas de cana por safra, há uma produção de 49 toneladas de bagaço. Esse bagaço hidrolisado, para melhorar a digestibilidade do gado, poderia ser usado como alimento, economizando o silo de milho, de custo de produção caro. A safra da cana coincide exatamente no período da seca no Centro/Sul, quando o pasto acaba e o gado necessita de volumoso, ou seja, massa verde. O vinhoto pode ser utilizado como adubo ou ser dado ao gado como alimento. Já existe no mercado uma máquina simples que prensa o bagaço, peletizando-o para usá-lo como energia para substituir a lenha para aquecer a caldeira, dando assim, mais uma alternativa no consumo dos subprodutos da cana. Portanto, a produção de etanol, encaixa-se muito bem como atividade integrada com a pecuária, especialmente de leite, auxiliando-a a reduzir custos e a gerar mais renda e emprego.

Se formulássemos a hipótese de um programa que incentivasse a implantação de 1 milhão de micro destilarias, qual seria seu impacto econômico e o que isso poderia significar de benefício à

A ECONOMIA POLÍTICA DO ETANOL

economia como um todo? O mesmo exemplo poderia ser realizado, agora, considerando uma outra dimensão e impacto gerado.[2]

Exemplificando:

1.000.000 de propriedades produzindo 5 hectares de cana = 5.000.000 hectares de cana.

5.000.000 hectares de cana vezes 70/ton de cana = 350.000.000 ton de cana

350.000.000 ton de cana vezes 60 litros de etanol = 21.500.000.000 litros de etanol

21,5 bilhões de litros de etanol vezes R$ 1,00 = R$ 21.500.000.000,00

Cada propriedade gera dois empregos diretos, ou seja: 2 trabalhadores vezes 1.000.000 de micro destilarias gerariam dois milhões de empregos diretos, somente na parte agrícola, sem contar, é claro, com os empregos gerados com o incremento das atividades na produção de equipamentos das micro destilarias, insumos destinados na produção agrícola, máquinas e imple-

---

2 Bautista Vidal também propõe a criação de um programa de 1 milhão de micro destilarias até como forma de aumentar enormemente a produção de carne, leite e adubo. Seu argumento é de que a expansão da micro destilaria, muito ao contrário do que afirmam que a produção de biocombustívies provocariam a fome no mundo, serviria, isso sim, para aumentar a produção de alimentos. Essas afirmações constam em entrevista que deu à Bautista Vidal, além de ser um dos principais idealizadores do Proalcool, é autor de vários livros sobre o tema, entre os quais:*De Estado Servil a Nação Soberana; Soberania e Dignidade. Raízes da Sobrevivência; Esfacelamento da Nação; A reconquista do Brasil; e, Poder dos Trópicos* em coautoria com Gilberto Felisberto Vasconcelos.

183

FERNANDO NETTO SAFATLE

mentos agrícolas e uma série de outros componentes que giram nucleados em torno do setor sucroalcooleiro.

A importância de um programa que pudesse gerar cerca de dois milhões de empregos no campo já justifica a iniciativa política de implementar uma ação desta envergadura. Talvez o Brasil seja um dos poucos países no mundo que tenha condições de realizar um programa capaz de gerar dois milhões de empregos no meio rural, com todos os benefícios decorrentes da fixação do homem no campo, em um estágio de desenvolvimento capitalista que geralmente desloca populações para a direção oposta, inchando as cidades e intensificando a marginalidade e exclusão social.

A produção de 1 milhão de micro destilarias, por si só, representaria um incremento de 100% a mais do que a produção atual de etanol. Se considerarmos o preço médio de R$ 1,00 o litro, na medida em que estivesse implantado todo o programa, geraria uma renda bruta de 21,5 bilhões de reais anuais e um investimento total de 32,5 bilhões de reais, considerando os parâmetros estabelecidos pelo BNDES, conforme descritos acima.

É claro que estamos simulando a expansão do programa das micro destilarias somente nas pequenas propriedades rurais e usando apenas uma área de produção de 5 hectares de cana-de-açúcar, como um exemplo hipotético, para se ter uma dimensão do alcance econômico e social da inserção do programa do etanol com o pequeno produtor. No entanto, se ocorrer a permissão de postos de combustíveis adquirirem diretamente o etanol hidratado dos produtores rurais, a produção, evidentemente, não ficará restrita aos pequenos produtores e muito menos se restringirá a

184

A ECONOMIA POLÍTICA DO ETANOL

uma área de apenas 5 hectares de cana-de-açúcar. Nesse caso, é obvio, ocorrerá uma variação enorme de tamanho de propriedades e incorporação de áreas maiores, com formação também de associação de médios produtores, que produzirão em uma escala de produção bem maior.

Vamos considerar uma produção de etanol em uma média propriedade cultivando cana-de-açúcar em uma área de 200 hectares, tamanho compatível com os padrões de médio produtor rural.

As condições de produção são as mesmas:

210 dias de safra

180 dias úteis

86% de aproveitamento do tempo

Uma média de 70 toneladas por hectare de cana-de-açúcar

200 hectares vezes 70 toneladas de cana = 14.000 toneladas de cana

14.000 toneladas vezes 60 litros de etanol = 840.000 litros de etanol

840.000 litros vezes um preço médio de R$ 1,00 o litro= R$ 840.000,00

O médio produtor, cultivando uma área de 200 hectares de cana-de-açúcar, obterá uma renda bruta de R$ 840.000,00. Hoje, esse produtor na região do Centro-Oeste, que produz soja, nos mesmos 200 hectares – considerando uma produtividade média de 60 sacas de soja por hectare, ao preço médio de R$ 30,00 por saca –, obtém uma renda bruta de R$ 360.000,00, um pouco menos da metade da renda bruta que ele poderia alcançar se produzisse etanol em sua propriedade.

185

FERNANDO NETTO SAFATLE

Se considerarmos os dados do BNDES, que estabelece o custo de produção por tonelada de cana-de-açúcar produzida, incluindo a parte de investimento agrícola e industrial de R$ 90,00 por tonelada, somaria um investimento total de R$ 1.260.000,00, para implantar um projeto com produção estimada em 840.000 litros de etanol por safra. Se considerarmos que cerca de 20 mil novos médios produtores espalhados em todo o território brasileiro venham a se somar aos pequenos produtores rurais e, também, iniciam suas atividades na produção de etanol, então, podemos calcular que estariam sendo incorporados ao processo produtivo mais 4.000.000 de hectares de cultivo de cana-de-açúcar. Esses 4.000.000 hectares de cana produzirão 280.000.000 de toneladas de cana, o que significa nos padrões de produtividade que estamos considerando, 1,96 bilhões de litros de etanol/ano. O custo de implantação desses novos 1,96 bilhão de litros de etanol está estimado em cerca de 2,5 bilhões de reais, incluindo a parte de investimento agrícola e industrial.

Os efeitos e impactos que produziriam na economia brasileira a democratização do programa do etanol seriam extremamente benéficos: implantação de 1 milhão de micro destilarias, irradiando dinamismo às economias locais, regionais e, impulsionando outros setores, especialmente, a indústria metal mecânica, a de insumos e implementos agrícolas. Com a produção de milhares de micro destilarias, irrigando a economia como um todo e a massa salarial gerada por um contingente de mais de 2 milhões de empregos, somente na parte agrícola, os efeitos multiplicadores seriam extraordinariamente grandes na ampliação do mercado interno. A mensuração desses impactos macroeconômicos

A ECONOMIA POLÍTICA DO ETANOL

sobre o PIB e sua irradiação dinâmica na economia brasileira será realizada em capítulo adiante.

Se porventura um programa dessa dimensão pudesse ser realizado o circulo virtuoso se estabeleceria na economia, como um componente estruturante, reduzindo o preço de um bem estratégico que tem rebatimento no custo da atividade produtiva do país. Não podemos desconhecer que a matriz de transportes no Brasil está sustentada em 80% no transporte rodoviário, portanto, qualquer impacto positivo no preço do etanol e da gasolina reflete de forma direta também no custo de produção da economia brasileira como um todo.

O problema é que o etanol foi entendido até agora de forma restrita como um combustível alternativo e renovável, mas ainda não como um bem estratégico dentro da matriz energética. É preciso valorizar e dar uma dimensão necessária ao etanol priorizando-o enquanto componente fundamental em uma visão estratégica da política de energia. Talvez ele seja o segmento econômico capaz de produzir um impacto econômico com importantes reflexos na melhoria da distribuição da renda e no processo de desconcentração regional da renda, como nenhum outro segmento econômico seria capaz de gerar.

Alguns casos de microdestilarias que deram certo

Sergio Pataro, da cidade mineira de Ponte Nova, há vários anos fabrica etanol em sua micro destilaria, produzindo 300 litros dia. O custo do litro de etanol produzido em sua micro destilaria é, em media, de R$ 0.35. O sucesso de seu empreendimento tem

187

FERNANDO NETTO SAFATLE

sido tão grande que utiliza sua experiência para ministrar cursos e ensinar como se fabrica o etanol combustível. Durante o curso pode-se aprender como se fabrica cachaça, transformar cachaça em etanol, etanol combustível em cachaça, fabricar desinfetantes domésticos e fabricar vários teores alcoólicos para a fabricação de bebidas. Ou, ainda, como transformar cachaça de cabeça e água fraca, a parte descartável da cachaça, em etanol combustível.[3] Sua experiência é rica e clarividente na obtenção do desenvolvimento auto-sustentável na pequena propriedade. A micro destilaria possibilitou, através da utilização dos subprodutos da cana-de-açúcar, viabilizar economicamente as outras atividades exploradas em sua fazenda, como, por exemplo, a pecuária leiteira, pela redução dos custos na alimentação do gado.

Outro mineiro e geólogo, Marcello Guimarães Mello, não foi só um defensor dessa tese, como também, foi produtor de etanol com uma microdestilaria, produzindo 200 litros dia, em sua propriedade, no município de Mateus Leme, situado a 70 quilômetros de Belo Horizonte. O geólogo mineiro, que participou desde o inicio do programa do Proalcool, lançado na década de 70, vislumbrava um outro papel para a Petrobrás: investir mais pesadamente em outras energias alternativas e não perseguir obstinadamente a auto-suficiência do petróleo, como vem fazendo desde a crise do petróleo. Segundo ele, o etanol nada mais é do que o petróleo limpo e que também serve além de combustível para produzir plástico, borracha, adubo nitrogenado, entre outros produtos, ou seja,

---

3   A experiência de Sergio Pataro está disponível em seu site: www.alcool-combustivel.com.br – Minidestilaria de etanol combustível.

A ECONOMIA POLÍTICA DO ETANOL

uma verdadeira alcoolquímica. Se o Brasil optasse por não utilizar suas reservas de petróleo imediatamente e seguisse um caminho diferente investindo prioritariamente na produção de etanol, poderíamos alargar nosso horizonte em relação as nossas reservas de petróleo por mais 100 anos. Assim, de uma forma planejada, combinando o uso prioritário do etanol com o petróleo, poderíamos ter a petroquímica como a alcoolquímica. Mal comparando, a construção de refinaria de petróleo com capacidade para produzir 100 mil barris por dia necessita de investimentos da ordem de US$ 2 bilhões, capaz de gerar cerca de 7 mil empregos diretos. Esse mesmo investimento aplicado na produção de etanol é capaz de implantar 200 mil micro destilarias, explorando 5 hectares de cana-de-açúcar e de gerar cerca de 500 mil empregos diretos. Não considerando os empregos indiretos fora da atividade puramente agrícola que esse programa poderia gerar.

O esquema abaixo é de um desenvolvimento tecnológico integrado utilizado em unidades de produção em grande escala, mas, serve de exemplo, mesmo para as micro destilarias de como se pode ter um melhor aproveitamento de produtos e subprodutos da cana-de-açúcar. O exemplo ilustra as observações que o geólogo mineiro Marcello Guimarães faz sobre a abrangência do aproveitamento da cana-de-açúcar e, que pode também ser aplicado em pequena escala, se não no todo, pelo menos integrando uma parte do processo. Uma pequena ou média propriedade, explorando os produtos e subprodutos da cana-de-açúcar nos mais diferentes lugares desse país, estaria promovendo de forma inusitada um rico processo de desenvolvimento autônomo e sustentável, fortalecendo as economias locais e regionais.

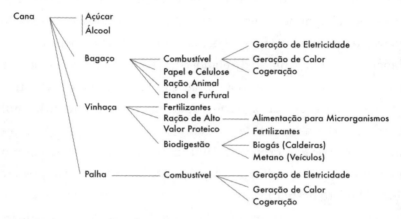

Fonte: Dedini – Seminário BNDES – Agosto de 2003

Outro aspecto importante, ainda não explorado, seria o de promover o incentivo para desenvolver tecnologia que pudesse converter os motores de tratores, colheitadeiras, caminhões e ônibus, tal qual se fez com os carros de passeio, para que pudessem usar o etanol como combustível. O pequeno e médio produtor e as cooperativas e assentamentos rurais poderiam utilizar o etanol produzido pelas micro destilarias nas suas atividades produtivas e para o consumo de seus veículos e o excedente poderia ser comercializado nos postos de combustível mais próximos. Já mencionei em capitulo anterior a possibilidade de extrair do caldo de cana o diesel. Diante desses avanços tecnológicos o impacto na redução dos custos no processo produtivo como um todo seria extremamente significativo, pois um dos componentes que mais pesam nos custos de produção no agro-negócio são os custos do

A ECONOMIA POLÍTICA DO ETANOL

diesel. Essa participação relativa dos custos do diesel nos custos totais de produção do setor agrícola tem-se mostrado crescente com o passar dos anos. Como é um componente importado, sofre as variações de preços que oscilam no mercado internacional. O programa do etanol e a auto-suficiência de petróleo alcançada pelo país têm refletido muito pouco na planilha de custos do setor agrícola. Isso porque o combustível que move a agricultura brasileira ainda não foi efetivamente beneficiado pela energia alternativa que produzimos: o etanol. O biodiesel, que poderia substituir progressivamente o diesel, ainda está iniciando e não tem escala de produção capaz de suprir nem uma pequena parcela da demanda existente. Portanto, somente com a conversão dos motores para o uso de etanol nas máquinas agrícolas, caminhões e tratores ou de forma combinada, com o avanço do biodiesel, ganhando escala de produção, poderá refletir e ter impacto nos custos de produção dos produtos agrícolas. Assim o setor produtivo utilizará um combustível que ele próprio poderá produzir e mais barato do que ele usa atualmente.

Estes exemplos podem servir para pensarmos melhor o destino de nossos assentamentos rurais. É sabido que os assentamentos rurais vivem em situação de penúria e de descapitalização. Produzem, quando muito, em um estágio de economia de subsistência. Salvo raras exceções, essa é a situação da grande maioria dos assentamentos rurais, muitos dos quais, com mais de 20 anos de existência, ainda não conseguem se viabilizar economicamente e produzir além do seu próprio consumo.

No entorno de Brasília, existem atualmente 55 assentamentos rurais com mais de 5 mil assentados espalhados por

FERNANDO NETTO SAFATLE

22 municípios, três dos quais pertencentes ao Estado de Minas Gerais e dezenove pertencentes ao Estado de Goiás. Na sua grande maioria, os assentamentos não tem infra-estrutura, acesso à água e energia elétrica, além, da falta de tratores e implementos agrícolas. Sem orientação técnica adequada, quando recorrem a recursos emprestados do Pronaf, aplicam mal e consequentemente produzem mal. Assim, em sua grande maioria não conseguem quitar o financiamento e, invariavelmente, ficam endividados e inadimplentes, comprometendo a safra seguinte. Os recursos foram obtidos sem nenhum plano agrícola que pudesse dar viabilidade econômica ao financiamento. Os assentamentos mais antigos já apresentam problemas decorrentes do seu próprio crescimento, pois não conseguem abrir alternativas novas de emprego para seus próprios filhos, que crescem e têm que buscar trabalho nas cidades. Um problema recorrente que os assentamentos rurais não conseguem resolver: segurar a mão-de-obra no campo, gerando emprego e renda.

A situação não é diferente em outros assentamentos rurais de outras regiões do país. Na região do Pontal do Parapanema, no Estado de São Paulo, existem 101 assentamentos com 5.484 famílias assentadas. Os problemas não são diferentes de outras regiões. Segundo o jornal Estado de São Paulo (8 de novembro de 2005-Caderno Especial), Mario Augusto dos Santos possuía uma área de 21 hectares em Teodoro Sampaio e perdeu toda a produção de mandioca, pois não conseguiu comercializá-la por falta de mercado. Guilherme Gomes Sobrinho, plantou feijão, milho e algodão em 11 hectares no assentamento Che Guevara, em Mirante, na safra 2004/05. Perdeu

A ECONOMIA POLÍTICA DO ETANOL

dinheiro porque não conseguiu vender nem pela metade do valor que tinha faturado no ano anterior, cerca de R$ 24 mil.

Diante de um grau de incerteza tão grande, muitos dos assentados estão optando por fazer uma parceria com as usinas de etanol para a produção de cana. A empresa fornece a tecnologia, faz a colheita e é avalista em um empréstimo no Banco do Brasil. Os assentados financiam pouco mais de R$ 14 mil, que é descontado em três parcelas anuais do pagamento feito pela usina. O esquema de parceria com as usinas divide opiniões entre os assentados. A assentada Ilda Pereira dos Santos não quer renovar o contrato de parceria pois, segundo ela, a usina cobra caro pelos serviços prestados – como a colheita – e teme não conseguir pagar a última parcela do empréstimo em 2006.

As várias experiências de parceria que estão sendo realizadas têm servido de subsídios para análises de estudiosos, não só em relação à produção de cana, mas também em relação às experiências mais recentes na produção do biodiesel e, em ambos os casos, somente poderão dar certo se os pequenos proprietários se organizarem em associações ou cooperativas. Nessa medida, poderiam negociar melhores seus contratos de parceria com os usineiros e obterem uma margem maior de rentabilidade.

No entanto, o esquema estruturado com a produção de biodiesel, estabelecendo um percentual mínimo de 30% no fornecimento de matéria-prima oriundo da agricultura familiar, é apenas meio caminho andado, pois foi institucionalizado como parceiro integrado à usina, mas não lhe deu a autonomia necessária de implantar o seu próprio negócio.

193

A área total dos assentamentos rurais de reforma agrária soma cerca de 60 milhões de hectares de terras. Uma área que representa quase o tamanho da área total ocupada somando se os cultivos explorados com culturas permanentes e temporárias, ou seja, 62 milhões de hectares. O problema, portanto, da reforma agrária não se constitui efetivamente de falta de área ocupada. Segundo estudo feito por Chico Graziano, ex-presidente do Incra, um censo da reforma agrária realizado recentemente identificou má qualidade de vida e renda baixa dos assentados, provocando uma taxa de 40% de desistência. O que é necessário é um Plano Agrícola para os assentamentos. Se pudesse destinar 10% dessa área para projetos de micro destilarias, produzindo etanol ou biodiesel de forma autônoma, gestores de seu próprio negócio e não simplesmente fornecedores de matéria-prima, os assentados teriam uma disponibilidade de 6 milhões de hectares, o equivalente a toda a área hoje ocupada com cana. A produção dessa área dos assentados possibilitaria produzir cerca de 28,80 bilhões de litros de etanol por ano, aproveitando de forma mais racional a área dos assentamentos sem comprometer as outras atividades produtivas.

Dez motivos sustentáveis para a implantação do programa de micro-destilarias:

1) Redução da dependência do petróleo, gás natural e derivado.

2) Fonte de energia limpa – cada unidade de energia fóssil utilizada no processo de produção do etanol gera 8,3 unidades de energia renovável.

3) Aumento da Oferta de Energia – 1 tonelada de cana gera como fonte de energia 0,162 tonelada equivalente de petróleo, por

A ECONOMIA POLÍTICA DO ETANOL

meio da seguinte composição: 60 litros de etanol (0,048 tep), 250 kg de bagaço (0,057 tep) e 250 kg de palha (0,057 tep).

4) Aumento das Exportações – A titulo de exemplo, a implantação de 250 mil micro destilarias de etanol, a partir da produção de 100 milhões de toneladas de cana, geraria 6 bilhões de metros cúbicos de etanol, numa produtividade de 60 litros de etanol por tonelada de cana. Essa expansão da oferta permitiria um acréscimo de cerca de 90% no volume exportado em relação a 2006. Supondo os preços médios de 2006, o ganho adicional em divisas seria de US$ 3 bilhões de dólares.

5) Aumento do PIB – os efeitos acumulados do programa de micro destilarias sugerem que para cada 1% de aumento na produção de micro destilarias, o PIB cresce 1,4109%.

6) Aumento do nível de emprego – 2 empregos diretos somente na atividade rural para cada micro destilaria de 5 hectares. Um modelo intensivo de mão-de-obra.

7) Aumento da renda do pequeno produtor rural – um rendimento bruto de R$ 1.850,00 por mês.

8) Desconcentração espacial da produção de etanol e melhoria do desenvolvimento local e regional.

9) Opção de viabilidade econômica para os assentamentos rurais de reforma agrária e cooperativa de pequenos produtores rurais.

10) Uso mais racional da área agricultável sem comprometimento do meio ambiente, pois, não usa queimadas para o corte da cana. O uso dos subprodutos, bagaço e vinhoto, na produção de outras atividades integradas à micro-destilarias.

DESAFIOS DO NOVO MODELO:
CONTROLE DE QUALIDADE
E TRIBUTAÇÃO

Sempre que se coloca a possibilidade dos postos de combustíveis adquirirem o etanol diretamente dos produtores rurais surge, invariavelmente, dois questionamentos: o primeiro, é a falta de controle e a possível perda da qualidade do etanol e, o segundo, é a política tributária e a possibilidade de perda de receita.

Na medida em que ocorresse uma verdadeira explosão da produção através da instalação de inúmeras micro destilarias pulverizadas pela imensidão do território brasileiro, é claro que as possibilidades de adulteração se multiplicariam, visto que o sistema hoje implantado já não tem as condições de realizar a fiscalização necessária – o número de fiscais da ANP é irrisório, um pouco mais de 140. Diante da possibilidade de multiplicar em milhões o número de micro destilarias, o controle de qualidade a ser feito deveria seguir os moldes do controle de qualidade que se faz da cadeia de produtos lácteos.[1]

---

1 A recente denúncia sobre adulteração das normas sanitárias ocorridas em laticínio do município de Uberaba, com ampla repercussão na imprensa nacional, de uso abusivo de soda cáustica no leite longa vida, não

FERNANDO NETTO SAFATLE

A pecuária de leite talvez seja a atividade produtiva no campo com maior grau de capilaridade existente: dificilmente uma propriedade rural deixe de tirar leite. Ou trata-se de uma atividade especializada da fazenda, um produtor de leite, ou de uma atividade secundária, nada profissional, o que se convencionou chamar de tirador de leite. De uma forma ou de outra, praticamente quase toda propriedade rural produz e comercializa leite, de uma forma especializada ou não. Um produto, que diferentemente do etanol, está voltado para o consumo humano e que é altamente perecível, pois poucas horas depois de se tirar o leite deve-se condicioná-lo, resfriando-o, para que não fique impróprio.

Mesmo com todos esses problemas a cadeia produtiva do setor lácteo conseguiu estabelecer um sistema de controle de qualidade extremamente eficaz. Hoje o padrão de qualidade implantado segue as normas do Ministério da Agricultura. Os fiscais do Ministério da Agricultura, ou mesmo da Secretaria da Agricultura dos Estados e dos Municípios, não vão até os produtores rurais fiscalizar diariamente a coleta de leite nas propriedades. Seria impossível estabelecer um sistema de fiscalização semelhante na imensidão do território nacional. Na verdade, quem fiscaliza é o próprio laticínio que coleta o leite nas propriedades rurais. Antes de recolher o leite do produtor, o laticínio colhe uma amostra do leite e faz ali mesmo, a análise do produto. Se não constatar qualquer problema de qualidade, recolhe o leite e, caso contrário, o

---

inviabiliza o sistema de fiscalização adotado pela cadeia produtiva do setor lácteo em si. O sistema é adequado, o que precisa, como ficou demonstrado, é a necessidade de estabelecer um rigor maior na fiscalização.

A ECONOMIA POLÍTICA DO ETANOL

rejeita. O trabalho de fiscalização, portanto, é feito ali mesmo, na fonte de produção, através do laticínio. Por sua vez, o laticínio será fiscalizado pelo sistema de sanidade do governo federal, estadual ou municipal, determinado pelo tipo de transações na comercialização do leite e seus derivados, que pode ser realizado no próprio município ou transpor as barreiras intermunicipais ou estaduais, conforme a legislação estabelece.

Ora, se o sistema de controle de qualidade funciona muito bem no caso da cadeia produtiva do setor lácteo, por que não funcionaria em um sistema semelhante, em relação ao etanol? Nesse caso, tal qual no segmento do leite, não seria necessário implantar uma superestrutura governamental de fiscalização que alcançasse até a fonte de produção. Quem teria a obrigação de fiscalizar seriam os postos de combustíveis que iriam até o produtor rural adquirir diretamente o etanol. Lá, na fonte de produção, na micro destilaria, ou mesmo em qualquer outra usina de etanol, os postos de combustíveis fariam o teste e a análise do etanol adquirido diretamente do produtor. Se não houver problema de adulteração, recolhe-se o etanol. Caso contrário, simplesmente não se recolhe o produto. A fiscalização governamental, à semelhança do sistema implantado pelo setor lácteo, é feita nos postos de combustíveis. Se for constatado qualquer problema de qualidade, a fiscalização incidirá sobre os postos de combustíveis, tal como é feita hoje em dia. Para mais rigor há a possibilidade de penalização da bandeira do posto. Para o consumidor a credibilidade está na bandeira e não no posto e, nessa medida, ao envolver a bandeira na fiscalização, o posto torna-se mais exigente ao adquirir o etanol diretamente do produtor.

201

FERNANDO NETTO SAFATLE

A legislação em vigor que estabelece controle de qualidade dos produtores, importadores, distribuidores e varejistas ao comercializar o etanol anidro e hidratado tem que ter a cópia legível do respectivo Certificado de Qualidade, atestando que o produto comercializado atende as especificações estabelecidas no Regulamento Técnico. A Portaria da ANP n° 126, de 8 de agosto de 2002, estabelece as normas do Regulamento Técnico, definindo características, métodos e especificações que devem ser obedecidos no controle de qualidade do etanol, conforme a legislação em anexo.

Entretanto, com todas as Portarias, Resoluções e normas vigentes, ocorrem problemas de adulteração na comercialização do etanol. Um exemplo é o caso da CPI instaurada na Câmara Distrital, em 2003, para investigar e apurar os graves problemas decorrentes da formação de cartel entre os postos de gasolina no Distrito Federal, onde constatou-se uma série de irregularidades, adulterações, fraudes e sonegações de impostos. A mistura do etanol anidro realizado em Senador Canedo (Goiás) pelas distribuidoras não desobedecia todas as normas estabelecidas, segundo o relatório da CPI instaurada pela Câmara Distrital de Brasília. A CPI se deslocou ate a cidade goiana e constatou mistura em excesso de água no etanol anidro misturado à gasolina. Outra fraude é a ocorrência da mistura de água no etanol anidro, transformando-o em etanol hidratado, numa operação totalmente irregular. Esse expediente ocorre porque o etanol anidro não é tributado e o etanol hidratado incide pesados impostos.[2]

---

2   Relatório Final da CPI sobre os postos de combustíveis da Câmara Legislativa do DF-junho de 2003.

A ECONOMIA POLÍTICA DO ETANOL

Compra-se, portanto, o etanol anidro mais barato e mistura-se água, para ser vendido como etanol hidratado. A estrutura de fiscalização existente da ANP é extremamente acanhada, com um quantitativo de um pouco mais de uma centena de fiscais para realizar o trabalho de fiscalização em todo o país. Não é, portanto, o sistema de fiscalização que é falho, o que ocorre é a falta de prioridade e vontade política em fiscalizar.

Se a fiscalização já é falha hoje, em seu campo de trabalho restrito, o que ocorreria se porventura, implementássemos a nova medida permitindo os postos adquirirem o etanol diretamente dos produtores rurais? No caso de abrir essa possibilidade, derrubando as portarias e resoluções da ANP que incorporou o espírito do Decreto nº 82.462, o sistema de fiscalização nos postos de combustíveis teria que ser mais rigoroso, corrigindo as falhas e distorções existentes e ainda reforçando o número de fiscais em todo o país. Mais uma vez, não é o sistema que é falho, é a falta de vontade política, da pouca prioridade que é dada à fiscalização, permitindo ocorrer os mais variados tipos de fraudes, adulterações e sonegações de impostos. Os benefícios econômicos e sociais são por demais amplos e abrangentes para que qualquer empecilho ou falta de interesse possa justificar a manutenção do atual sistema.

O segundo argumento que sempre aparece como empecilho quando se discute a possibilidade da permissão dos postos de combustíveis adquirirem diretamente o etanol do produtor rural é a perda de receita tributária. Isso porque o atual sistema utiliza as distribuidoras de derivados de petróleo como fonte de arrecadação de impostos. Quem recolhe os impostos dos usineiros e

203

FERNANDO NETTO SAFATLE

dos postos de combustíveis são as distribuidoras de derivados de petróleo. Como existe um pouco mais de uma centena de distribuidoras de derivados de petróleo no país fica extremamente fácil o funcionamento do sistema arrecadador de tributos. Ao permitir que postos de combustíveis adquiram o etanol diretamente dos produtores rurais e, junto a isso, a inevitável multiplicação do número de produtores através de inúmeras micro destilarias espalhadas pelo país, o sistema arrecadador de impostos tornaria-se mais complexo e, portanto, um ponto forte de resistência da nova medida, pela possibilidade de perda de receita.

No entanto, não se trata de propor a dissolução de um sistema de arrecadação de impostos, mesmo que ele funcione mal. Como a CPI dos cartéis dos postos de combustíveis instaurada pela Câmara Legislativa do DF apurou, há uma serie de irregularidades, inclusive, em relação à sonegação de impostos. Segundo a formulação teórica do preço do etanol hidratado realizado pela própria ANP, conforme tabela abaixo, pode-se constatar que na sua simulação ocorre uma variação do seu preço real em relação ao preço teórico que deveria estar sendo praticado: 21% em São Paulo e de 22% no DF. Ou seja, se tivesse sendo cobrado todos os impostos devidos, calculados pela tabela, o preço teórico do etanol hidratado em São Paulo deveria ser de R$ 1,89, em 25 de fevereiro de 2006. No entanto, o preço real comercializado, nesta mesma data, era de R$ 1,56 o litro, com uma variação de preço de 21% abaixo. Somente os impostos representavam nesta data 22% do preço teórico do litro de etanol, em São Paulo. O mesmo ocorre no DF. Em uma situação e em outra, uma conclusão é evidente: os dados demonstram a existência de sonegação de impostos.

A ECONOMIA POLÍTICA DO ETANOL

FORMAÇÃO TEÓRICA DO PREÇO DO ÁLCOOL HIDRATADO

ormação do Preço do Álcool Hidratado	Com Sonegação Total	SP	DF
		12%	25%
Preço Produtor	1,15	1,15	1,15
PIS/ COFINS	--	0,05	0,06
ICMS	--	0,16	0,40
Preço Final Produtor	1,15	1,37	1,62
Frete Coleta	0,03	0,03	0,03
Margem do Distribuidor	0,05	0,05	0,05
PIS/ COFINS	--	0,16	0,19
ICMS	--	0,03	0,09
Preço Distribuidor s/ Subst	1,23	1,64	1,98
ICMS Subts	--	0,03	0,11
Preço Final Distribuidor	1,23	1,67	2,08
Margem Revenda	0,20	0,20	0,30
Frete Entrega	0,002	0,02	0,02
Preço ao Consumidor Teórico	1,45	1,89	2,40
Preço Real ANP (25/02/06)	--	1,56	1,98
Reajuste para chegar ao Preço Teórico (sem sonegação)	--	21%	22%

Fonte: Ministério das Minas e Energia

Mas vamos considerar que o atual sistema de arrecadação funcione. Se considerarmos um outro cenário, onde ao invés de um pouco mais de 360 usinas de etanol existissem milhares de novas micro destilarias espalhadas pelos mais distantes municípios e regiões do país, como fazer a arrecadação de impostos? Nesse novo cenário as distribuidoras de derivados de petróleo não poderiam mais funcionar como arrecadador de impostos? Qual o melhor sistema?

Neste caso, as opções seriam duas: o recolhimento na fonte de produção ou nos postos de combustíveis. Na primeira opção, cada micro destilaria teria que se organizar como agroindústria e emitir sua nota fiscal toda vez que comercializar sua produção. A segunda alternativa seria de centralizar nos postos de combustíveis a operação de arrecadar os impostos da comercialização do etanol produzido pelas micro destilarias. Os postos de combustíveis permitem estabelecer um sistema mais rigoroso de fiscalização do que o de recolher na fonte de produção. Isso porque, como funcionavam anteriormente, poderia-se retornar o controle diário das vendas e do estoque nos postos de combustíveis. Como os postos comercializam combustíveis adquiridos diretamente das distribuidoras e, na situação nova, iriam também comercializar etanol adquiridos diretamente dos produtores rurais, encontraríamos duas situações diferentes. Em princípio, o etanol e os combustíveis adquiridos das distribuidoras já vêm com os impostos recolhidos e continuariam desta forma, mas ao etanol adquirido diretamente dos produtores rurais, recolhem-se os impostos devidos.

Como saber a origem do etanol vendido? Vejamos um exemplo: se um posto de combustível comprou 20 mil litros de etanol da distribuidora e 10 mil litros dos produtores, ele tem que ter 30 mil litros em estoque. Se uma semana depois, o fiscal da ANP constatar que naquele posto o estoque de etanol é de 5 mil litros, significa que foram vendidos 25 mil. Como o posto adquiriu 20 mil da distribuidora, esse ele não terá que recolher imposto algum, mas como comercializou mais 5 mil litros, ele terá que recolher os impostos, pois estes são referentes ao que

A ECONOMIA POLÍTICA DO ETANOL

ele adquiriu do produtor rural. Como o fiscal saberia que o posto comprou determinada quantidade de etanol diretamente do produtor? A diferença entre o etanol adquirido pela distribuidora e o existente no estoque é o comprado diretamente do produtor. Para isto, é claro, terá que retornar o controle diário dos postos sobre os estoques e as vendas de combustíveis. Esse seria um sistema complementar voltado para as milhares de micro destilarias que porventura fossem instalar no país. Hoje, o sistema de arrecadação de tributos em relação aos combustíveis está centralizado nas distribuidoras. Elas são responsáveis por arrecadar o PIS e o Cofins. A distribuidora, além de recolher o ICMS próprio, é responsável pelo ICMS da revenda através de uma substituição tributária. Isto faz com que, segundo Dietmar Schupp do Sindicom, além da distribuidora recolher – no caso de São Paulo – os seus 12% sobre o valor que ela agrega, tem ainda uma margem de valor agregado de 30%, que é a substituição tributária da revenda.

207

FERNANDO NETTO SAFATLE

TRIBUTOS INCIDENTES NA GASOLINA E NO ÁLCOOL

Tributo	Gasolina	Álcool Anidro	Álcool Hidratado
PIS PASEP	R$ 0,04558/litro	0,65 no Produtor	0,65 no Produtor
		– –	1,46% no Distribuidor
COFINS	R$ 0,21502/litro	3,00% no Produtor	3,00% no Produtor
		– –	6,74% no Distribuidor
PIS PASEP + COFINS	R$ 0,2616/litro	3,65% no Produtor	3,65% no Produtor
		– –	8,20% no Distribuidor
COE	R$ 0,28/litro	– –	– –
ICMS	25 % a 31%	– –	12% a 30 %

COE

PIS/ COFINS Gasolina

PIS/ COFINS Álcool

Fonte: Ministério das Minas e Energia
CIDE: Lei nº10336 de15/12/2001
PIS/COFINS Gasolina: Lei n° 10865 de 30/04/2004
PIS/COFINS Alcool ; Decreto nº 4524 de 17/12/2002-Art. 53

Na formação de preços do etanol e da gasolina, em estudo feito pelo Ministério das Minas e Energia, em Brasília, conforme o gráfico abaixo, a incidência de impostos é mais preponderante em relação à gasolina. Somados todos os impostos, o valor alcança R$ 1,567 por litro da gasolina, enquanto os impostos que incidem sobre o litro de etanol somam R$ 0,795. Esse valor sofre uma variação de estado para estado na medida em que existe uma diferença na incidência do ICM, conforme tabela em anexo.

208

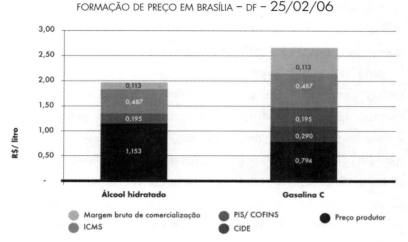

Fonte: Ministério das Minas e Energia

Aqui, segundo os tributaristas, existem distorções. No ciclo de todos os combustíveis automotivos, tais como o etanol, a gasolina e o diesel, o etanol é o único desses três que não tem a carga tributária concentrada no produtor. No caso específico do etanol hidratado há parte no produtor, parte na distribuidora e há substituição tributária da revenda concentrada na distribuidora, como foram descritos acima. Ora, além de se considerar a tributação elevada do etanol hidratado, ela não condiz com o produto que tem sua origem na produção agrícola e características especiais, pois exerce um forte incentivo na fixação e geração de emprego no campo.

Nada, portanto, tão complicado que pudesse justificar a não implantação da democratização da produção do etanol.

O que se propõe é instituir um sistema complementar ao existente de arrecadação que possa combinar o que teoricamente está funcionando, em cima da produção das grandes usinas de etanol, com o *plus* de produção gerado com a ampliação permitida pela compra direta do etanol pelos postos de combustíveis.

Mesmo que, em caso extremo, ocorresse, por hipótese, a perda de arrecadação de impostos, isto devido a impossibilidade de recolhimento da produção pulverizada através dos pequenos e médios produtores, mesmo assim, na contabilidade geral, os ganhos econômicos e sociais, gerados pela adoção da nova medida, justificariam a derrubada do decreto da época de Ernesto Geisel. Os efeitos multiplicadores irradiados na economia, através da ampliação do mercado interno, dinamização das economias locais e regionais, da desconcentração do desenvolvimento, fixação do homem no campo, geração de emprego e renda no campo e nas atividades integradas, como por exemplo, nas pequenas e médias serralharias produtoras de micro destilarias e, por que não, a liberação de um excedente de etanol anidro produzido pelas grandes usinas que poderiam aumentar suas exportações e gerar mais divisas externas. Os benefícios econômicos e sociais são múltiplos e extraordinários com efeitos irradiadores em uma cadeia enorme de virtualidade que justificariam, por certo, qualquer possibilidade de renúncia fiscal. Mas, pelo visto, não seria esse o caso.

Ao se permitir aos postos de combustíveis adquirirem diretamente o etanol do produtor rural pode-se muito bem centralizar também todo um sistema de controle de qualidade e de arrecadação de impostos. Certamente esta poderia ser uma solução tributária satisfatória compatibilizando uma equação necessária que some a democratização do programa do etanol com uma fórmula

A ECONOMIA POLÍTICA DO ETANOL

de cálculo sem prejuízo da arrecadação. E, é claro, tudo isso passa por um aumento substancial no quantitativo de fiscais, seja no que tange ao controle de qualidade, seja na parte de arrecadação e uma nova visão estratégica da política do etanol como elemento fundamental na matriz energética.

IMPACTOS MACROECONÔMICOS DO PROGRAMA DE EXPANSÃO DAS MICRODESTILARIAS

Fernando Safatle e José Oswaldo Candido Junior[1]

---

1 Este capítulo foi elaborado em julho de 2006 em conjunto com o economista José Oswaldo Candido Junior, técnico em Pesquisa e Planejamento do IPEA, mestre em economia pela Universidade Federal do Ceará (UFC), e responsável pelos cálculos econométricos do Programa de Expansão das Micro destilarias e seus Impactos no PIB.

A te agora, vimos os benefícios microeconômicos da implantação de uma política de produção baseada em micro-destilarias. No entanto, o benefício maior seria macroeconômico. Um choque de oferta de etanol, contribuindo para quebrar as práticas oligopólicas existentes no mercado significaria o abastecimento do mercado local e regional, cortando o passeio que hoje o etanol percorre, diminuindo custos de frete e de intermediação, gerando mais concorrência, reduzindo os preços na bomba para os consumidores e, como consequência, pressionando para baixo o preço da gasolina. Na medida em que isso puder ocorrer, o incentivo ao consumo do etanol será muito maior, podendo-se aumentar o excedente de gasolina, gerando mais divisas externas com a sua exportação. Os benefícios são crescentes gerando um círculo virtuoso em nível da economia como um todo.

Propomos um exercício que visa estimar o impacto gerado no PIB de um programa de expansão de 250 mil, 500 mil e 1 milhão de micro destilarias distribuídas regionalmente proporcionais ao

FERNANDO NETTO SAFATLE

nível de concentração das pequenas propriedades existentes em cada estado da federação. O cálculo do impacto macroeconômico se realiza primeiramente no nível do PIB e depois se distribui em nível regionalmente. As premissas que sustentam a realização destes cálculos estão dadas por uma estratégia de desenvolvimento que apresenta as seguintes vantagens:

1) Redução da dependência do petróleo, gás natural e derivados – A partir do início dos anos 80, ocorreram significativos ganhos na produção de petróleo, em razão dos elevados investimentos em prospecção e exploração em águas profundas. O grau de dependência externa do petróleo (e derivados) que em 1979 situava-se em torno de 85%, passou a ser – 0,1% em 2005, configurando uma situação de auto-suficiência. Por outro lado, os dados mais recentes do Balanço Energético Nacional mostram que a dependência do petróleo e derivados na oferta interna de energia é ainda significativa – da ordem de 36,7% em 2007 – , situando-se acima da média mundial que está em torno de 34%. Ao se incluir o gás natural, esse grau de dependência na matriz energética sobe para 46%, um pouco abaixo do grau de dependência de 1980, que foi de 49,2%. Portanto, embora se tenha reduzido a dependência externa do petróleo e derivados, o grau de dependência dessa fonte de energia manteve-se praticamente estável nos últimos 27 anos. A participação dos produtos derivados na cana-de-açúcar na oferta interna de energia atingiu 16% em 2007. Apesar do recorde essa participação representa pouco mais de um terço da utilização de petróleo, gás natural e derivados. Portanto, o potencial para expansão do etanol é ainda bastante elevado, sobretudo ao se considerar que no

A ECONOMIA POLÍTICA DO ETANOL

longo prazo é necessário se reduzir mais ainda a dependência de recursos não renováveis na matriz energética.

O trabalho organizado por Nebojsa Nakicenovic, Arnulf Grubler, e Alan McDonald (1998) chama a atenção para a tendência de mudança na utilização das fontes de energia disponíveis internacionalmente. No século passado, o carvão e o petróleo representaram os principais determinantes da oferta de energia mundial. A partir do século XXI, essas fontes deverão perder importância em detrimentos de fontes alternativas, tais como a biomassa moderna e a energia solar. A mudança de cenário ilustrada no gráfico abaixo servirá de base para as projeções internacionais e nacionais das matrizes energéticas que deverão fornecer as opções futuras de energia em economias mais desenvolvidas, com uma população maior e com consumidores e organizações mais flexíveis e que passam a valorizar mais intensamente processos de consumo e produção ambientalmente mais limpos.

EVOLUÇÃO DO USO E CENÁRIO DAS FONTES DE ENERGIA MUNDIAIS (EM %)
1850-2100

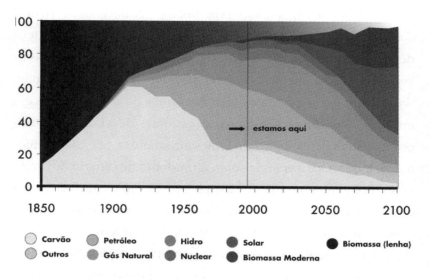

Fonte: Nakicenovic, Grubler, e McDonald (1998)

2) Fonte de energia limpa – A utilização dos derivados da cana-de-açúcar e, especialmente, o etanol como fonte de energia proporciona a redução da emissão de gases poluentes na atmosfera que ocasionam o efeito estufa. Segundo um estudo conjunto promovido pelo Centro de Gestão e Estudos Estratégicos (CGEE) e a Agência Brasileira de Desenvolvimento Industrial (ABDI), a mistura de etanol à gasolina numa proporção de 10%, gera uma redução de até 19% na emissão dos gases que provocam o aumento das temperaturas. Portanto, se o Brasil almeja uma estratégia de desenvolvimento sustentável, assim definido pela Comissão Mundial sobre Meio Ambiente e Desenvolvimento da ONU como

A ECONOMIA POLÍTICA DO ETANOL

o desenvolvimento "que atende às necessidades presentes sem comprometer a possibilidade de as gerações futuras satisfazerem as suas próprias necessidades", então uma das fontes de energia como maior capacidade de geração de energia renovável é o ciclo produtivo do etanol. De acordo com a revista Desafios do IPEA/ PNUD (2007): "Outra vantagem do etanol é que gera muito mais energia do que é empregado no seu ciclo produtivo: no caso da cana-de-açúcar, cada unidade de energia fóssil utilizada no processo gera 8,3 unidades de energia renovável.".

3) Aumento da Oferta de Energia – Um dos insumos primários para a produção na economia é a energia, utilizada na transformação de insumos em produtos, na geração de calor no ambiente produtivo e na disponibilidade de força propulsora para os trabalhadores (SLESSER, 1978). Logo, para se gerar produção, renda e consumo nas economias se faz necessário obter, transformar, estocar e utilizar as fontes de energia disponíveis na natureza. Nas economias capitalistas em que a diversificação da produção e do consumo é ampla, a necessidade de consumo de energia é muito maior do que comparativamente a sociedades agrárias e primitivas. Essa tendência é identificada pela evolução histórica do aumento do consumo de energia:

> Nos primórdios da existência do homem sobre a Terra, todo o seu consumo de energia era constituído pelos alimentos e, mais tarde, pelo fogo utilizado em seu cozimento, podendo-se estimar esse consumo em 4.000 kcal diárias *per capita*; posteriormente, a sociedade agrária primitiva, com uso de alguns animais domésticos,

FERNANDO NETTO SAFATLE

alcançou talvez 12.000 kcal *per capita*. [...] em
contrapartida, as sociedades industriais foram
aumentando progressivamente seu consumo
até chegar as 250.000 kcal per capita nos EUA no
começo da década de 70. (PAZIENTE (1979, *apud.*
cit. CALABI, A., et.alli. 1983, p.8)

Além disso, para o Brasil, não existem evidências de que à
medida que a economia brasileira cresça e sua infra-estrutura me-
lhore o consumo de energia por PIB se reduza significativamente.
Estimativas do Departamento de Energia do Governo dos EUA, que
realizam projeções internacionais, sugerem que a intensidade energética no Brasil irá cair 0,03 tep/1000 US$, entre 2030 e 2003. O Brasil
é um país intensivo no uso de energia se comparado a outros países. Em 2005, segundo o Ministério das Minas e Energia (2006), a
relação oferta interna de energia sobre o PIB é de 0,31 tep/1000 US$
(2000), enquanto na Argentina, EUA e Japão esses valores alcança-
ram 0,22; 0,22 e 0,11, respectivamente. Essa diferença é explicada
pela condição de exportador de produtos intensivos em energia e
capital, tais como aço, alumínio, ferro ligas, celulose, açúcar, dentre
outros. Adicionalmente, se o Brasil entrar num ciclo de crescimento
econômico sustentado a taxas mais elevadas do que se obteve nas
últimas duas décadas irá demandar um maior esforço de obtenção
de energia. Nesse sentido, um programa de fortalecimento da produção de etanol novamente aparece como uma das alternativas mais
importantes no crescimento da oferta de energia interna.

A título de exemplo, a implantação de 250 mil destilarias de
etanol, a partir da produção de 87,5 milhões de toneladas de cana,

A ECONOMIA POLÍTICA DO ETANOL

geraria 7 milhões de metros cúbicos de etanol, numa produtividade de 80 litros de etanol por tonelada de cana. Essa expansão da oferta permitiria um acréscimo de 105,8% no volume exportado em relação a 2006. Supondo os preços médios de 2006, o ganho adicional em divisas seria de US$ 3,3 bilhões de dólares. Supondo o volume exportado em 2006, o total das exportações poderia atingir 10,4 milhões de metros cúbicos, o que representaria US$ 4,9 bilhões de dólares. A tabela abaixo também mostra os efeitos sobre as exportações supondo a implantação de 500.000 e 1.000.000 de micro destilarias.

Ganho das Exportações de Etanol permitido pelo Programa de Microdestilarias

Base comparativa (Ano=2006)

Microdestilarias	Aumento do volume (m3)*	Aumento do valor (US$ milhões)**	Volume Total (m3)*	Valor Total (US$ milhões)**
250.000	7.000.000	3.277	10.429.000	4.882
500.000	14.000.000	6.554	17.429.000	8.159
1.000.000	28.000.000	13.107	31.429.000	14.712

* Com base no volume exportado em 2006

** Com base nos preços médios do etanol em 2006

4) Efeitos sobre o PIB – A avaliação dos impactos sobre o PIB da expansão do etanol, por meio do programa de micro destilarias, é mensurada a partir dos efeitos das atividades-chave propulsoras desse programa. Para gerar etanol é preciso que se aumente a produção de cana-de-açúcar. Portanto, a atividade de produção de cana-de-açúcar envolve toda cadeia produtiva da atividade sucroalcooleira, que como mencionado anteriormente está bem estruturada no país. A relação entre a produção de cana-de-açúcar e atividade econômica está expressa no gráfico abaixo,

221

no qual se observa a relação ao longo do tempo entre produção física (toneladas) e o PIB real entre 1975-2004. O gráfico sugere uma clara relação positiva entre essa atividade econômica e o PIB, com movimento muito semelhante entre essas duas séries.

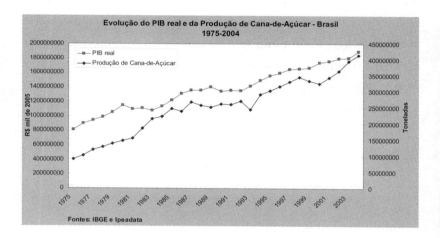

A outra atividade propulsora do programa de micro destilaria de etanol refere-se ao produto gerado por esse programa. Nesse caso, a micro destilaria estará contribuindo para a economia, por meio do aumento da oferta disponível de energia, que representa um dos setores fundamentais da infra-estrutura de um país para o crescimento econômico.

A expansão da oferta e da qualidade dos serviços de infra-estrutura – em especial da oferta de energia – é um dos fatores fundamentais para o desempenho econômico dos países no longo prazo. Nesse caso, a literatura econômica menciona dois canais básicos de influência da infra-estrutura de energia sobre o produto da economia: primeiro, um canal direto de acumulação de capital, ou seja, a energia é um insumo básico na função de produção, que utilizado com os demais fatores de produção (trabalho, recursos naturais, etc.) gera a produção necessária. Portanto, o desenvolvimento da acumulação de capital físico e humano prescinde de uma oferta disponível e permanente de energia. O segundo canal é indireto, pois um maior e melhor estoque de energia influenciam de forma positiva todas as atividades econômicas, reduzindo os custos e aumentando a eficiência produtiva da economia. Com isso, eleva-se a produtividade de todos os fatores de produção, aumenta-se o retorno econômico dos investimentos e gera-se um maior crescimento econômico.

O gráfico abaixo mostra essa relação positiva entre a oferta interna de energia (mensurada em termos de tonelada equivalente de petróleo) e o PIB real no período de 1970-2004. Assim como o gráfico anterior, as duas séries apresentam semelhante comportamento nas suas trajetórias ao longo do tempo.

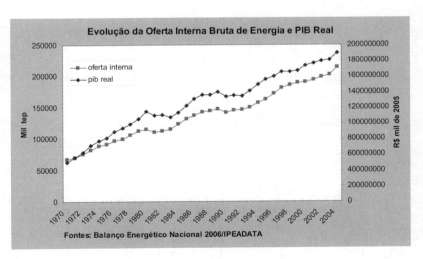

FERNANDO NETTO SAFATLE

Portanto, a estimativa dos impactos do programa de micro destilarias sobre o PIB advém da composição de dois efeitos: produção de cana-de-açúcar e aumento da oferta de energia. Para quantificar esses efeitos são estimadas as elasticidades dessas duas atividades sobre o PIB. O somatório dessas elasticidades mensura o efeito total da implantação das micro destilarias sobre o PIB, o que pode ser expresso em termos formais como:

$$\varepsilon_m = \varepsilon_{pca} + \varepsilon_{oie}$$

No qual:

ε_m – Elasticidade PIB-Programa de Micro destilarias de Etanol

ε_{pca} – Elasticidade PIB-Produção de Cana-de-Açúcar

ε_{oie} – Elasticidade PIB-Oferta Interna de Energia

A estimação das elasticidades é obtida por meio da técnica de cointegração entre as variáveis ao longo do tempo. Engle e Granger (1991) introduziram o conceito estatístico de cointegração, que sugere a relação de longo prazo entre as variáveis econômicas. Caso se constate a cointegração entre duas variáveis econômicas pode-se afirmar que essas variáveis apresentam uma relação estacionária entre si, ou dito de outra forma, essas variáveis apresentam uma tendência comum de movimento no longo prazo. É essa relação de longo prazo – representada pela elasticidade entre as variáveis – que será estimada nesse estudo.

224

A ECONOMIA POLÍTICA DO ETANOL

Para se estimar a relação de longo prazo entre a produção de cana-de-açúcar e o PIB e a oferta de energia e o PIB utiliza-se um modelo econométrico do tipo *vetores autoregressivos* (VAR). A vantagem de utilizar o VAR (ao invés de uma função de produção tradicional) é que esse modelo leva em consideração os problemas de endogeneidade que surgem entre o PIB e as variáveis de interesse. Por exemplo, um maior investimento em energia afeta o PIB, porém economias mais ricas também investem mais em energia, ou seja, existe a possibilidade de causalidade reversa que precisa ser controlada. Além disso, pode se esperar que existam longas defasagens na relação entre a oferta de energia e o PIB. A estrutura VAR é um modelo econométrico que permite analisar os efeitos dinâmicos entre as variáveis, sem estabelecer uma relação de causalidade a *priori*.

A relação de longo prazo entre as variáveis econômicas e o PIB é captada pelo teste de cointegração de Johansen. Caso as variáveis medidas ao longo do tempo estejam em logaritmos, então o teste de cointegração bi-variado (produção de cana e o PIB e infraestrutura em energia e PIB) estima a elasticidade de longo prazo. Além disso, sob certas condições, é possível também se examinar os efeitos de curto prazo entre as variáveis.

A implementação da técnica de cointegração depende do teste preliminar para verificar a estacionariedade individual e sua ordem de integração. Nesse caso, foram realizados os testes Dickey-Fuller Aumentado (ADF) e o KPSS, que são normalmente utilizados nos estudos econométricos. Ambos os testes sugerem que as séries de produção de cana, oferta interna de energia e PIB real são não estacionárias em nível e passando a ser estacionárias

225

em primeira diferença (conforme as tabelas abaixo). Portanto, é possível a existência de uma relação de cointegração de longo prazo entre o PIB e a produção de cana e o PIB e a oferta de energia. Vale ressaltar que as variáveis foram medidas em logaritmos, de forma que as relações entre as variáveis podem ser interpretadas como medidas de elasticidade.

TESTE ADF PARA OS NÍVEIS DAS VARIÁVEIS

Hipótese Nula – Presença de Raiz Unitária	Estatística ADF	Nível de Significância de 5%
Produção de Cana (Ton)	-1,1419	-2,9728
Oferta Interna de Energia (Mil Tep)	-1,0733	-2,9728
PIB Real (R$ mil de 2005)	-2,1100	-2,9728

Fonte: Elaboração dos Autores.

TESTE KPSS PARA OS NÍVEIS DAS VARIÁVEIS

Hipótese Nula – A Série é Estacionária	Estatística LM	Nível de Significância de 5%
Produção de Cana (Ton)	0,9283	0,4630
Oferta Interna de Energia (Mil Tep)	0,6978	0,4630
PIB Real (R$ mil de 2005)	0,6804	0,4630

Fonte: Elaboração dos Autores.

TESTE ADF PARA A PRIMEIRA DIFERENÇA DAS VARIÁVEIS

Hipótese Nula – Presença de Raiz Unitária	Estatística ADF	Nível de Significância de 5%
Produção de Cana (Ton)	-7,4648	-2,9540
Oferta Interna de Energia (Mil Tep)	-3,1983	-2,9540
PIB Real (R$ mil de 2005)	-3,5926	-2,9540

Fonte: Elaboração dos Autores.

A ECONOMIA POLÍTICA DO ETANOL

TESTE KPSS PARA A PRIMEIRA DIFERENÇA DAS VARIÁVEIS

Hipótese Nula – A Série é Estacionária	Estatística LM	Nível de Significância de 5%
Produção de Cana (Ton)	0,1039	0,4630
Oferta Interna de Energia (Mil Tep)	0,2873	0,4630
PIB Real (R$ mil de 2005)	0,4603	0,4630

Fonte: Elaboração dos Autores.

A tabela abaixo mostra as elasticidades estimadas utilizando o teste de cointegração de Johansen. A elasticidade PIB-Produção de cana-de-açúcar (ε_{pca}) é de 0,1567, ou seja, para cada aumento de 1% na produção de cana, o PIB cresce 0,1567%. A Elasticidade PIB-Oferta Interna de Energia alcança 1,2542, ou seja, para cada aumento de 1% no aumento da oferta de energia, o PIB cresce 1,2542%. Portanto, os efeitos acumulados do programa de micro destilarias sugerem que para cada 1% de aumento na produção da micro destilarias, o PIB cresce 1,4109%. Os valores dessas estimativas são estatisticamente precisos e os testes do traço e máximo autovalor sugerem a presença das relações de estado estacionário de longo prazo entre as variáveis a um nível de significância de 5%

ELASTICIDADE PIB-PRODUÇÃO DE CANA DE AÇÚCAR
TESTE DE COINTEGRAÇÃO DE JOHANSEN

ELASTICIDADE	Hipótese Nula	Estatística do Traço	Valor crítico 5%
0,1567	r =0	32,5511*	30,45
(0,0407)	r 1	6,5124	16,26
	Hipótese Nula	Estatística do Máximo Autovalor	Valor crítico 5%
	r =0	26,0387*	23,65
	r 1	6,5124	16,26

r: número de relações de cointegração
(*) A estatística do traço e do máximo autovalor indicam a existência de uma relação de cointegração

227

FERNANDO NETTO SAFATLE

ELASTICIDADE PIB-OFERTA INTERNA DE ENERGIA
TESTE DE COINTEGRAÇÃO DE JOHANSEN

	Hipótese Nula	Estatística do Traço	Valor crítico 5%
ELASTICIDADE	r =0	36,5950*	25,32
1,2542	r 1	5,5542	12,25
(0,1551)	Hipótese Nula	Estatística do Máximo Autovalor	Valor crítico 5%
	r =0	31,04078*	18,96
	r 1	5,5542	12,25

r: número de relações de cointegração
(*) A estatística do traço e do máximo autovalor indicam a existência de uma relação de cointegração

ELASTICIDADE PIB-PROGRAMA DE MICRODESTILARIAS

ELASTICIDADES	Valores
Elasticidade PIB-Produção de Cana	0,1567
Elasticidade PIB-Oferta Interna de Energia	1,2542
Total	1,4109

Para se estimar os impactos do aumento da produção de cana sobre o PIB foram utilizadas algumas hipóteses. Cada produtor utiliza 5 hectares de terra para produção e obtém uma produtividade de 70 toneladas por hectares. Essa produtividade está abaixo da obtida por grandes produtores que dispõem de técnicas mais sofisticadas e podem obter até 125 toneladas por hectare. As tabelas abaixo trazem os efeitos do aumento sobre a produção de cana sobre o PIB real do Brasil. Foram realizadas simulações com a implantação de um milhão, 500 mil e 250 mil micro destilarias. A expansão da produção de cana poderia variar entre 19 a 76%, tendo como base os níveis de produção de 2006. A magnitude sobre o crescimento real do PIB varia de 3 a 12% de acordo com o número de micro destilarias implantadas.

As micro destilarias iriam aumentar a oferta de energia da economia. Também foram realizadas simulações para analisar os impactos sobre o PIB da implantação de um milhão, 500 mil e 250 mil micro destilarias. A hipótese básica utilizada nesse caso é

228

A ECONOMIA POLÍTICA DO ETANOL

que 1 tonelada de cana gera como fonte de energia 0,162 tonelada equivalente petróleo, por meio da seguinte composição: 80 litros de etanol (0,048 tep), 250 Kg de Bagaço (0,057 tep) e 250Kg de palha (0,057 tep). A expansão da oferta interna de energia proporcionada pelo programa de micro destilarias pode variar de 6,5 a 25,9%, tendo como referência a oferta de 2005, o que pode levar a uma expansão real do PIB de 8,1 a 32,5%.

Efeitos do Aumento da Oferta de Energia sobre o PIB do Brasil - 1 milhão de microdestilarias de álcool

Produção de cana (Ton)	Geração de energia (tep/ton)	Total de energia gerada (tep)
350.000.000	0,162	56.700.000
Oferta de Energia Interna em 2005 (tep)	Expansão da oferta de energia (em %)	
218.663.000	25,93	
Elasticidade PIB-Oferta Interna de Energia	Efeito total sobre o PIB real (em %)	
1,25	32,52	
Fonte: Elaboração Própria		

Efeitos do Aumento da Oferta de Energia sobre o PIB do Brasil - 500 mil microdestilarias de álcool

Produção de cana (Ton)	Geração de energia (tep/ton)	Total de energia gerada (tep)
175.000.000	0,162	28.350.000
Oferta de Energia Interna em 2005 (tep)	Expansão da oferta de energia (em %)	
218.663.000	12,97	
Elasticidade PIB-Oferta Interna de Energia	Efeito total sobre o PIB real (em %)	
1,25	16,26	
Fonte: Elaboração Própria		

Efeitos do Aumento da Oferta de Energia sobre o PIB do Brasil - 250 mil microdestilarias de álcool

Produção de cana (Ton)	Geração de energia (tep/ton)	Total de energia gerada (tep)
87.500.000	0,162	14.175.000
Oferta de Energia Interna em 2005 (tep)	Expansão da oferta de energia (em %)	
218.663.000	6,48	
Elasticidade PIB-Oferta Interna de Energia	Efeito total sobre o PIB real (em %)	
1,25	8,13	
Fonte: Elaboração Própria		

Combinando os dois efeitos anteriores, o impacto acumulado sobre o PIB real da implantação de um milhão de micro destilarias seria da ordem de 44,5%, tendo como base a produção de cana de 2006 e a oferta de energia interna de 2005. Se ao longo

229

de 10 anos esse programa fosse posto em prática a contribuição anual para o crescimento do PIB seria da ordem de 3,7% ao ano. Para um processo de implantação mais rápido a taxa anual cresceria para 7,6% ao ano.

EVOLUÇÃO DA OFERTA E DA PRODUÇÃO DE CANA NA IMPLANTAÇÃO DE UM PROGRAMA DE 1 MILHÃO DE MICRODESTILARIAS

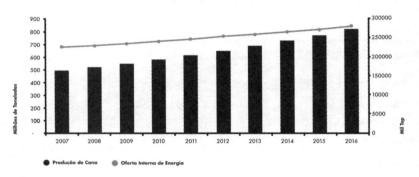

Fonte: Elaboração própria

EVOLUÇÃO DO PIB NA IMPLEMENTAÇÃO DE UM PROGRAMA DE 1 MILHÃO DE MICRODESTILARIAS

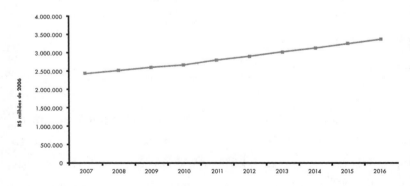

Fonte: Elaboração própria

A ECONOMIA POLÍTICA DO ETANOL

Os impactos macroeconômicos de um programa de micro destilarias dessa magnitude seriam significativos para a economia brasileira contribuindo para mudar o perfil de distribuição de renda e o paradigma do próprio modelo econômico, na medida em que desconcentra o processo de crescimento e corrige os desequilíbrios regionais de renda inerente à lógica do grande capital.

A DESCONCENTRAÇÃO DA PRODUÇAO DO ETANOL E O DESENVOLVIMENTO LOCAL E REGIONAL MAIS EQUILIBRADO

Não resta dúvida que um dos mais graves problemas que ainda padece o desenvolvimento econômico do país é a disparidade de níveis de renda existente entre as suas regiões. Essas disparidades de níveis de renda entre as regiões brasileiras é resultado da combinação das relações sócias de produção e dos fatores de produção, em cada momento histórico. Cada ciclo de desenvolvimento, dependendo do centro dinâmico onde repousava sua demanda e de sua capacidade de compra da produção, provocava um determinado poder de irradiação e de entrelaçamento com as economias locais e regionais.

As economias primárias exportadoras, por ter seu dinamismo centrado na demanda externa, provocavam um limitado desenvolvimento regional focado na produção de mercadorias de produtos voltados para o consumo de bens de massa. O grau de integração com os mercados regionais se dava através da predominância da empresa agrícola com relações de produção eminentemente capitalistas e sua capacidade de absorção das economias de subsistência que as circundam. Nessa medida, as

FERNANDO NETTO SAFATLE

relações pré-capitalistas das economias periféricas foram destruídas passando a se integrar no fornecimento de mercadorias às economias dinâmicas. Somente na segunda fase do desenvolvimento da industrialização, caracterizado como de substituição de importações, permitiu-se a formação de um sistema econômico com um grau elevado de integração, não só em nível de sua interação intersetorial, como também, em nível regional.[1] Entretanto, na medida em que o centro dinâmico da economia foi se deslocando para dentro, sustentado nos segmentos que puxavam o processo substitutivo de importações, foi se moldando novos polos de desenvolvimento regional, reproduzindo novas disparidades de níveis de renda, em espaços diferenciados e em graus distintos. A dinâmica do desenvolvimento regional desigual e combinado é a mesma, imanente do processo mesmo de concentração e centralização do capital que tem sua lógica no desenvolvimento do capitalismo.

Hoje, a economia brasileira conhece um estágio de desenvolvimento capitalista avançando na sua fase monopolista que reproduz novas formas e graus diferenciados de integração regional, provocando a destruição de relações pré-capitalistas ainda existentes e gerando novas relações de desequilíbrios regionais. Redesenha-se o mapa geográfico do país, com um novo recorte regional. As complexas relações de produção recolocam novas desigualdades e desagregam os espaços regionais.

---

1 Em *Formação Econômica do Brasil*, o economista Celso Furtado descreve de forma primorosa todo esse processo de desenvolvimento da economia brasileira.

A ECONOMIA POLÍTICA DO ETANOL

Agora não subsistem apenas as disparidades regionais entre as macrorregiões: Centro-Sul, versus Norte e Nordeste. As contradições e desigualdades regionais entrecortam os espaços regionais, introjetando-se no interior mesmo das regiões ditas desenvolvidas. Um novo recorte do espaço regional que contemple as mesorregiões e sub-regiões apanha toda a dimensão do fenômeno recente provocado pela forte integração e desagregação do desenvolvimento do capitalismo monopolista presente na economia brasileira. É uma inserção que inclui e exclui simultaneamente do processo de desenvolvimento.

O exemplo, mais candente, talvez seja o desenvolvimento de Brasília e seu entorno. Concebida como Capital da República com notório sentido de integração nacional, cumpriu seu destino, sem, contudo, deixar de gerar uma forte contradição: o de provocar no seu Entorno imediato, disparidades de níveis de renda regionais acentuadas. A renda *per capita* do Distrito Federal é sete vezes maior do que a renda *per capita* da população que habita as cidades que a circundam. Brasília e seu entorno é um exemplo recente da obra mais acabada de uma concepção neoliberal de governo, sem nenhum planejamento, deixando que as livres forças de mercado direcionassem todo o desenvolvimento regional e urbano. Com isso, pululam os problemas de falta de infra-estrutura, violência, um crescimento demográfico explosivo e uma ocupação do território de forma desordenada, permeado de fortes contradições.

Como inserir a cadeia produtiva do setor do açúcar e do etanol nesse processo que desencadeia um movimento combinado de integração e desagregação do seu espaço regional? Nessa medida,

237

como o processo de concentração da produção do açúcar e do etanol também contribui para moldar disparidades de níveis de renda e acentuar os desequilíbrios regionais?

As consequências desse processo de ocupação acelerada pela lavoura da cana-de-açúcar são óbvias: concentração da propriedade nas mãos dos que detém o agro negócio do etanol, na medida em que existe uma diferença de rentabilidade em vários ramos de atividade agropecuária a favor do negócio do etanol. Como os pequenos e médios proprietários rurais estão marginalizados da produção do etanol, impossibilitados de participarem da atividade produtiva mais rentável do agro negócio, condicionados pelas normas vigentes da comercialização do etanol, as opções que lhes restam são: continuar a explorar sua terra com atividades produtivas pouco rentáveis e caminhar celeremente para uma situação pré-falimentar ou entrar no negócio do etanol apenas como parceiro, arrendando suas terras. Em nenhuma das duas hipóteses os pequenos e médios produtores rurais participam efetivamente da produção do etanol de forma autônoma.

Uma proposta de desconcentração regional na produção de microdestilarias

Como o programa de micro destilaria de etanol pode contribuir para reduzir as desigualdades regionais e na renda oriundas do setor sucroalcooleiro? O programa é uma alternativa complementar ao modelo atual que é baseado em grandes usinas e que exige, portanto, um tamanho mínimo de área de plantada e um esquema especial de logística entre a propriedade e a usina. Além

A ECONOMIA POLÍTICA DO ETANOL

disso, como ressaltado acima o atual modelo de produção está baseado na intensificação do desenvolvimento tecnológico, que engloba as técnicas de manejo, de colheita e descoberta de novas variedades de cana adaptadas a cada faixa de terreno e o esquema logístico. As grandes usinas também investem em novos equipamentos com intuito de aumentar a produtividade e reduzir custos. Portanto, nas atuais condições não é surpreendente que ocorra a enorme concentração da produção de cana e etanol.

Por outro lado, o programa de micro destilaria de etanol é compatível com pequenas propriedades (inclusive convivendo bem com outras culturas e atividades, como a pecuária), é compatível com baixos investimentos em capital físico, tecnologia simples e qualificação elementar da mão-de-obra. Portanto, é uma alternativa extremamente adequada e atraente para os pequenos produtores rurais e os assentamentos promovidos pela reforma agrária.

Segundo dados do Censo do IBGE de 2000, cinco milhões de famílias rurais vivem com menos de 2 salários mínimos por mês. Portanto, o programa de implantação de um milhão de micro destilarias seria capaz de gerar ganhos da ordem de 5 salários mínimos mensais e aumentar o padrão de vida de 20% dessas famílias. Atualmente, existem cerca de 970 mil famílias assentadas no Brasil. Desse universo, a grande maioria poderia se beneficiar da exploração econômica e sustentável da cana-de-açúcar.

Ao se observar os dados de pequenas propriedades rurais, segundo o Censo Agropecuário de 1995/96, e dos assentamentos promovidos entre 2003-2006 pode se constatar que há concentração dessas estruturas agrárias no Norte e Nordeste. Cerca de 70% dos estabelecimentos agrícolas no Brasil com até 10

239

hectares de terra estão nas regiões Norte e Nordeste. Enquanto que 95,6% dos assentamentos promovidos nos últimos quatro anos também se situam no Norte-Nordeste, conforme os dados do Ministério do Desenvolvimento Agrário. Nesse período foram assentadas 381 mil famílias.

PROPORÇÃO (EM %) DE PEQUENAS PROPRIEDADES E DAS ÁREAS ASSENTADAS
(2003-2006) POR REGIÃO

Região	Pequenas propriedades (até 10ha)*	Áreas assentadas
Norte-Nordeste	70,98	95,63
Norte	5,61	86,91
Nordeste	65,37	8,72
Centro-Sul	29,02	4,37
Sudeste	11,94	0,89
Sul	15,72	0,33
Centro-Oeste	1,35	3,15
Total	100,00	100,00

*Com base no censo agropecuário de 1995/96

Fontes: Ministério da Agricultura e Ministério do Desenvolvimento agrária

Como imaginar uma distribuição das micro destilarias de modo a contribuir para desconcentração da produção e da renda geradas pelo setor sucroalcooleiro? Para tal devem-se levar em consideração condições de oferta e demanda. Uma variável representativa da oferta seria a proporção de pequenas propriedades mostrada acima. Para avaliar a demanda por etanol em cada região utilizou-se uma variável *Proxy*: a proporção do PIB regional no PIB do Brasil em 2004.

Na simulação, a distribuição regional das micro destilarias obedece a uma média ponderada entre o indicador de demanda e de

A ECONOMIA POLÍTICA DO ETANOL

oferta. Para o indicador de oferta sugere-se uma ponderação que é o triplo do atribuído ao de demanda. A razão dessa escolha recai no fato de que o aumento da oferta de etanol proporcionada pelo programa irá reduzir os preços do produto para consumidor final e irá estimular a demanda numa proporção maior do que aquela sugerida pelo PIB, sobretudo naquelas regiões em que o consumo é menor em razão dos preços elevados comparativamente à gasolina.

SIMULAÇÃO DA DISTRIBUIÇÃO REGIONAL DAS MICRODESTILARIAS

Regiões	Índice de Oferta* (em %)	Índice de Demanda** (em%)	Média Ponderada*** (em %)	Número de Microdestilarias
Norte-Nordeste	70,98	19,35	58,08	580.763
Norte	5,61	5,29	5,53	55.305
Nordeste	65,37	14,06	52,55	525.458
Centro-Sul	29,02	80,65	41,92	419.237
Sudeste	11,94	54,92	22,69	226.861
Sul	15,72	18,21	16,35	163.470
Centro-Oeste	1,35	7,51	2,89	28.906
Total	100	100	100	1.000.000

Conforme a simulação prevista na tabela acima, 58,1% das micro destilarias se situariam no Norte-Nordeste e com isso se reduziria o nível de concentração atual, pois essas regiões detém atualmente cerca de 13% da produção de cana. Com base na produção de 2006, a expansão proporcionada pelo programa de micro destilarias seria da ordem de 76%, ou um acréscimo de 350 milhões de toneladas. O resultado final do programa desconcentraria os níveis atuais da produção atual conforme os gráficos abaixo. O Norte-Nordeste passaria dos atuais 13% para cerca de 32% da produção de cana do País.

PARTICIPAÇÃO REGIONAL DA PRODUÇÃO DE CANA
Safra 2005/06

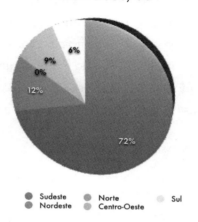

Fonte: Elaboração própria

PARTICIPAÇÃO REGIONAL DA PRODUÇÃO DE CANA COM IMPACTO DO PROGRAMA DE MRICRODESTILARIAS

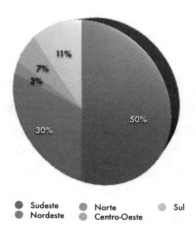

Fonte: Elaboração própria

CONCLUSÃO

A MUDANÇA NO MAPA DA GEOPOLÍTICA NO MUNDO

O Brasil economizou US$ 60 bilhões em divisas com o Proalcool até 2004, segundo cálculos publicados no jornal Estado de São Paulo, na Edição Especial de 8 de novembro de 2005, valor que pode chegar a US$ 121,1 bilhões se forem acrescentados os juros da dívida que seria contraída com a importação de petróleo. O setor de açúcar e etanol emprega mais de 1 milhão de pessoas, sendo 400 mil só no Estado de São Paulo, ocupando uma área de 7,6 milhões de hectares. As projeções da demanda por etanol até 2011 exigirão mais 180 milhões de novas toneladas de cana, além dos 400 milhões de toneladas já produzidos,

FERNANDO NETTO SAFATLE

aumentando a produção de etanol em mais 10 bilhões de litros e, em mais de 7 milhões de toneladas de açúcar. Matéria-prima que deverá ser produzida na incorporação de mais 2,5 milhões de novos hectares, gerando mais de 500 mil novos empregos.

São mega números que podem inibir o crescimento da produção de etanol de qualquer país, mas não o do Brasil, que dispõe de 80 milhões de novos hectares de terras agricultáveis que podem ser incorporadas ao processo produtivo. Sem considerar, é claro, o aproveitamento mais racional das terras ocupado por pastagens, que somam 200 milhões de hectares, que poderiam, grosso modo, também, disponibilizar mais 80 milhões de hectares.

Não é só. Além da disponibilidade de terras, temos abundância de água doce e sol. Essa combinação de terra, água e sol, aliado ao conhecimento tecnológico acumulado nos permite produzir energia renovável e limpa. A energia é extraída dos derivados da biomassa que se forma nas plantas pela ação da fotossíntese solar. Os combustíveis, por sua vez, são também derivados da biomassa produzidos com muito sol, água e utiliza bons conversores energéticos vegetais, como a cana-de-açúcar.

Por outro lado, a energia solar acumulada nos hidratos de carbono das plantas e animais necessita de centenas de milhões de anos para se transformar em combustíveis fósseis. Entretanto, enquanto o consumo de combustíveis fósseis nos últimos 150 anos no mundo tem crescido a taxas exponenciais, sua produção em processo de fossilização, leva centenas de milhões de anos, o que permite antever, segundo cálculo dos especialistas na área, que seu esgotamento se dará, proximamente, daqui a 50 anos.

244

A ECONOMIA POLÍTICA DO ETANOL

O mundo não enfrenta somente a possibilidade de um colapso estrutural pelo esgotamento do petróleo. O uso intensivo dos combustíveis fósseis pelas nações hegemônicas tem provocado desequilíbrios termodinâmicos à ecosfera terrestre, com emissão de gás carbono, chuva ácida, efeito estufa e aquecimento global do planeta. Os efeitos da agressão ambiental e o aquecimento global já têm provocado alterações visíveis no clima e no aumento da vulnerabilidade do planeta.

A recusa dos EUA, o país responsável pela participação de mais de 35% da emissão de gás carbono no mundo, em ratificar o Protocolo de Kyoto, mesmo sendo um de seus signatários, revela, por um lado, sua extrema dependência da sua matriz energética no uso dos combustíveis fósseis e, em segundo lugar, o alto custo que teria que realizar pela redução de 7% do Co^2, cerca de 400 bilhões de dólares. Mesmo considerando os elevados custos que teria que realizar, isso, por certo, não jogaria um papel relevante na sua decisão de não aderir ao Protocolo de Kyoto se os EUA tivessem conseguido produzir uma alternativa energética capaz de substituir economicamente o petróleo e mudando progressivamente sua matriz energética. Essa é a questão fundamental. A principal nação hegemônica não possui ainda uma alternativa concreta para diminuir sua dependência do petróleo. Somente agora, passados mais de 30 anos, desde os primeiros sinais anunciados do esgotamento do petróleo, é que os EUA começam a investir maciçamente na produção e pesquisa, do etanol extraído do milho. A legislação americana protege, de forma extraordinária, o produtor em geral e, de maneira especial, o de milho. Os americanos não só protegem o seu mercado, subsidiando seus

245

FERNANDO NETTO SAFATLE

produtores, investindo cerca de US$ 11 bilhões de subsídios aos produtores de etanol, como também, estabelecem sobretaxas ao etanol importado, ao mesmo tempo, que exercem influencia sobre outros países e organismos de comercio internacional, não deixando que liberem seus mercados, no intuito, de alcançar a supremacia na produção de energia renovável nos próximos anos.

Hoje o milho é a melhor alternativa disponível de produção nos EUA, mas, como tem conflitos com a cadeia produtiva de alimentos, desenvolvem pesquisas para produzir a segunda e terceira geração de biocombustíveis a partir de resíduos vegetais agrícolas, gramíneas de crescimento rápido e de resíduos e lixo urbano. O fato é que os EUA ainda procuram alternativas viáveis para a produção de energia alternativa capaz de suprir seu mercado de combustíveis abastecido pelo petróleo. Enquanto, não deslancha e diminui sua dependência do petróleo, segura seu mercado e não permite que países, como o Brasil, que produz de forma competitiva energia da biomassa, possam emergir como potência mundial na produção de energia renovável.

Bautista Vidal, um dos principais idealizadores do Proalcool na década de 70, tem posições claras sobre a disputa pelas fontes de energia no mundo que travam as nações desenvolvidas, e de forma especial, os EUA. Segundo ele, "a era do petróleo – energia que move o mundo – está com os dias contados e eles não têm alternativa a não ser se apropriar das fontes energéticas que a natureza legou as outras nações. E a mais rica delas todas, disparadamente, é o Brasil, porque foi premiado com um reator de fusão nuclear particular – o sol, que é a fonte de todas as formas de energia usadas pelo homem até agora e dentro de bilhões de

246

A ECONOMIA POLÍTICA DO ETANOL

anos. E o Brasil, como grande continente tropical do planeta, terá certamente um poder inimaginável, desde que conte com dirigentes à altura desse papel histórico".[2]

Para Vidal, já em 1979 o Brasil dispunha das condições objetivas para dar o salto qualitativo e se transformar na maior potência produtora de energia alternativa. Naquela época, somente na Secretaria de Tecnologia Industrial, Bautista Vidal tinha uma equipe de 1.600 investigadores e a melhor equipe de motores de turbina no Centro Técnico Aeoroespacial e ainda mais de quarenta institutos tecnológicos trabalhando sob sua coordenação. Portanto, aliado ao avanço conquistado das pesquisas e conhecimento tecnológico adquirido em pouco espaço de tempo às condições legadas pela natureza o país estava pronto para dar o salto na frente na produção da bioenergia. Para Vidal todo esse potencial energético assustou o país hegemônico, pois o Brasil estava tomando decisões que irremediavelmente iriam modificar uma mudança no poder mundial. Vidal situa 1979 como o ano da ruptura, quando Henry Kissinger pronunciou a famosa frase: "Não admitiremos um outro Japão ao sul do equador". E de forma mais enfática concluiu: "Pára, esse negócio não pode continuar". A partir daí, o Proalcool começou a implodir, segundo Vidal, ao não deixarem fazer o que era possível dentro da área de substituição da gasolina. Como consequência, a equipe de pesquisadores foi desmantelada e a maioria dos institutos de pesquisas foi fechada. O depoimento de Bautista Vidal, que vivenciou nas entra-

---

2 Trecho de entrevista de Bautista Vidal a revista *Caros Amigos* – Ano de 1997.

247

nhas do poder daquela época, as pressões internacionais dos países que se sentiam incomodados com a possibilidade de emergir uma nova potência energética, demonstra, de forma clara, como se comportam as nações hegemônicas, quando se trata de lidar com um elemento estratégico como a energia.

Até agora o mundo foi dominado pelas nações que conseguiram deter o controle das fontes de energia fóssil. Guerras se sucederam durante todos esses anos pelo seu domínio. Não é por acaso que o Oriente Médio, detentor de 80% das reservas mundiais de petróleo tem sido o palco privilegiado de invasões, guerras e conflitos sangrentos, em nome da "democracia" e toda sorte de justificativas que procuram encobrir ações militares que garantam o suprimento regular do petróleo.

Aqui na América Latina, a onda estatizante que adotou o governo de Evo Morales desde o inicio de seu governo especialmente em relação à Petrobras e procurando forçar a alteração dos preços do gás exportado para o Brasil recoloca de forma doméstica todo o contencioso que se trava em torno das fontes de energia no mundo. A experiência brasileira com seu país vizinho demonstra, mais uma vez, a necessidade de se ter um controle de suprimento de um bem estratégico como é o caso do gás, não podendo ficar dependente e vulnerável no seu fornecimento. Mas, agora, antevendo o fim da era do petróleo, onde, quando e como se darão os novos conflitos relacionados com a produção de energia alternativa, renovável e limpa?

O mercado mundial de gasolina, segundo dados de 2006, é de 998,0 bilhões de litros ano, enquanto a produção brasileira neste mesmo ano era de 16 bilhões de litros de etanol. Ou seja,

A ECONOMIA POLÍTICA DO ETANOL

o Brasil produzia de etanol, em 2006, apenas 1,5% do consumo mundial da gasolina. Os EUA também produziam etanol, no mesmo período, o equivalente a 1,5% do mercado mundial da gasolina que, somados com a produção brasileira, necessitaria produzir mais 97% para substituir 100% o consumo mundial de gasolina. Se o Brasil tiver as condições de abastecer o mercado internacional para misturar 10% do etanol à gasolina que é consumida no mundo, precisaríamos produzir cerca de 99,8 bilhões de litros de etanol por ano, ou seja, quase quatro vezes mais do que produzimos atualmente, ou seja, 27 bilhões de litros de alcool. Como se vê, o crescimento do mercado mundial para o etanol é amplo, ainda mais se considerar as perspectivas das fortes pressões da comunidade internacional em adotar medidas efetivas para a redução do efeito estufa e somado a retomada da escalada de preços do petróleo a nível internacional.

Este era o cenário internacional antes de eclodir a grande crise do capital financeiro, detonada a partir de setembro/outubro de 2008. Hoje, 30 anos após o lançamento do Proalcool, a situação internacional é outra, mais adversa, agravada pela agudização das mudanças climáticas e o crescimento vertiginoso da demanda do petróleo ocorrida nas duas últimas décadas. Agora, mesmo com a retração da economia mundial diante da mais grave crise do capitalismo financeiro desde o crash de 1929 os níveis de consumo do petróleo não caíram na mesma proporção, apesar do mercado, no ambiente de crise, se mostrar excessivamente nervoso, com os preços oscilando de um pico a outro.

Em que pese às incertezas sobre o tamanho e dimensão da crise, a perspectiva de uma recessão prolongada se ameniza e os

249

FERNANDO NETTO SAFATLE

mercados mostram sinais de recuperação. Nesse novo cenário não resta dúvida de que o Brasil pode aproveitar a oportunidade e aprofundar uma política econômica que direcione para a ampliação do mercado interno grande parte dos estímulos para a manutenção do seu desenvolvimento. Quando os efeitos da crise se dissipar a economia brasileira pode emergir em novas bases consolidado em um modelo econômico que esteja solidificado em uma estrutura produtiva mais acentuada na participação das pequenas e medias empresas, nos pequenos e médios produtores rurais e cooperativas de assentados da reforma agrária. Em pleno epicentro da crise mundial, a China anuncia uma reforma agrária que poderá beneficiar mais de 900 milhões de camponeses, procurando assim fortalecer a economia rural, criando as condições para transformá-los em proprietários rurais e, por consequência, tomadores de crédito. Este é um exemplo que deve servir ao Brasil.

Inegavelmente vivemos um momento de inflexão no mundo. "Vivemos sob as ruínas dos antigos paradigmas econômicos", segundo o economista Ignacy Sachs. Para ele, os maiores desafios que a humanidade enfrenta são as mudanças climáticas, a necessidade de alterar drasticamente a matriz energética e os déficits crescentes de oportunidade de trabalho decente no mundo. Segundo Ignacy Sachs, o processo de substituição do petróleo, elemento central na luta contra as mudanças climáticas, deve contribuir diretamente para a solução da escassez de empregos. A resposta para essa questão, diz Sachs, está num modelo de desenvolvimento rural que agregue as atividades dos pequenos produtores aos negócios das grandes empresas e crie oportunidades de trabalho e renda. Ao mesmo tempo, segundo ele, é preciso

A ECONOMIA POLÍTICA DO ETANOL

combinar as grandes plantações usadas para biocombustíveis com a pecuária e o cultivo de hortifrugranjeiros.[3]

O Brasil sempre soube aproveitar as oportunidades que as crises cíclicas do capitalismo produziram quando estrangularam o setor externo, diminuindo nossa capacidade de importar. Assim se procedeu quando da crise de 29: o país intensificou o processo de substituição de importações promovendo uma ampliação do mercado interno. Agora, com a crise do capitalismo financeiro tendo como epicentro os EUA e a consequente retração da liquidez internacional e queda da demanda por *commoditys*, não será diferente: criam-se as oportunidades para centrar o foco da política econômica na ampliação do mercado interno. O setor que pode puxar um processo de realimentação dinâmica da economia e, ao mesmo tempo, responder as exigências de um mundo preocupado com as questões ambientais é a produção de forma sustentável de biocombustíveis, sobretudo se combinar com a abertura da produção através das micro-destilarias.

Existem pelo menos quatro questões importantes que interagem e que precisam ser resolvidas para fazer o país emergir como potência da agro energia, inserindo-se de forma efetiva no mapa da geopolítica mundial. A primeira é a necessidade de difundir mundialmente a tecnologia da produção de energia alternativa através da biomassa; a segunda é a compatibilização entre interesses nacionais e interesses do capital internacional em investir no Brasil na produção e distribuição do etanol. Para isso é preciso estabelecer uma política sobre a sua participação.

---

3   Inacy Sachs – Entrevista ao Instituto Ethos – 28/03/2007

FERNANDO NETTO SAFATLE

Uma terceira questão é a incerteza do abastecimento do etanol no mercado internacional que poderá ser sanada na medida em que rompermos com o atual esquema oligopolizado da produção e conseguirmos garantir uma sustentabilidade de abastecimento no mercado interno e externo com a democratização da produção do etanol. Por último, a necessidade de definir um projeto estratégico para o etanol.

Nenhum país do mundo ficará dependente do suprimento de um único fornecedor de um bem estratégico como é a energia. Por isso o Japão, que aprovou no Congresso a mistura de 2,5% de etanol na gasolina, ainda não definiu como medida compulsória a introdução do etanol na matriz energética: não tem garantia de seu suprimento. Nesse sentido, é correto buscar parceiros internacionais e difundir nossa tecnologia de produção de etanol para outros países, de modo que gerem demanda e oferta em seus países.

O Brasil está adotando uma estratégia ambiciosa de ceder tecnologia a outros países na produção de etanol. A tecnologia foi oferecida à Índia, Tailândia, Austrália e Moçambique e, mais recentemente, se articula com países do Caribe. Com isso, o Brasil quer fazer com que o etanol seja um produto cotado internacionalmente e se transformar em uma commodity. Somente assim acreditam que o etanol poderá ganhar espaço no mercado internacional, pois muitos países relutam em misturar o etanol à gasolina porque não querem depender do Brasil como sendo o único fornecedor. Esse é um caminho que gera polêmica e discussões. Isto porque, transformar o etanol em commodity é criar as condições para que as nações hegemônicas possam manipular preços de um bem estratégico que

252

A ECONOMIA POLÍTICA DO ETANOL

substitui o petróleo, conforme alerta Bautista Vidal. Dessa forma, o etanol vira alvo fácil da jogatina nas bolsas de valores, o que pode indiscutivelmente comprometer a sua competitividade em relação a outras fontes de energia e perder sua atratividade no mercado internacional. Esse é o receio de quem já sofreu na pele as pressões internacionais que desestabilizaram na sua origem a possibilidade do Brasil emergir como potencia na produção de energia renovável. Por outro lado, o senador Aloísio Mercadante adverte que o etanol precisa ser considerado bem ambiental e não commodity agrícola, para tanto, nossas exigências precisam ser mais rigorosas com a redução das queimadas.

Premido pelas pressões internacionais, o Brasil instituiu medidas que implementam o zoneamento agroecologico da cana delimitando sua expansão, não permitindo seu cultivo na Amazônia e Pantanal e substituição progressiva da queimada pela colheita mecânica. Dessa forma, o governo brasileiro espera quebrar a oposição internacional a produção do etanol e expandir as exportações.

A disponibilidade de solo fértil, água e clima favorável não deixam de despertar a cobiça do capital estrangeiro pela produção de etanol como a mais promissora tecnologia de produção de energia renovável, limpa e que contribui para diminuir os efeitos da emissão do gás carbono e do aquecimento global. A lista dos interessados no etanol brasileiro é extensa. Multinacionais do agro negócio, como a Bung, o megainvestidor George Soros, o controlador da Microsoft, Bill Gates e o Google, são apenas alguns de uma longa lista de interessados.

253

Essa presença e as expectativas de investimentos futuros do capital internacional são fatores que podem contribuir para a expansão mundial do etanol no mercado internacional. Entretanto, são necessárias regras e uma política própria para o setor, pois não será possível imaginar que o investidor estrangeiro terá todas as facilidades na aquisição de terras, o que implica na posse de nosso território, visando à produção de um bem estratégico com o intuito de transformar o seu empreendimento em uma simples plataforma de exportação. As regras terão que ser estabelecidas, especialmente, na forma de aquisição de usinas, incorporações e fusões e não da forma como esta ocorrendo no setor sucroalcooleiro. O País tem que ter a dimensão exata dos riscos de transferir para as mãos das corporações norte-americanas a produção de etanol, mas, ao mesmo tempo, saber dosar uma política de convivência com o capital internacional para que o etanol ganhe o mercado externo.

As incertezas que ainda pairam no mercado internacional sobre a capacidade do Brasil garantir um suprimento regular de etanol se devem às sucessivas crises de desabastecimento que vêm penalizando o consumidor interno. A produção está submetida a um esquema de mercado oligopolizado que oscila entre a produção de etanol e de açúcar, dependendo da variação dos preços no mercado internacional deixando, tanto o mercado interno quanto o externo, vulnerável às oscilações de mercado e refém dos interesses de um pequeno número de usineiros.

Por último, falta desenhar um projeto estratégico para o etanol. Essa é também a postura política de Bautista Vidal, que descortina a necessidade de avançarmos na constituição de uma empresa de economia mista para cuidar exclusivamente do etanol.

A ECONOMIA POLÍTICA DO ETANOL

Hoje, o que existe é um emaranhado de órgãos que fatiaram a responsabilidade de definição sobre as questões do etanol, mas que a rigor acabam deixando o setor sem um projeto estratégico: o Ministério de Minas e Energia cuida prioritariamente das energias convencionais, o Ministério da Agricultura entregou a responsabilidade da pesquisa agrícola para a iniciativa privada e a Petrobras cuida da mineração e vê as energias alternativas como competidoras. É necessário criar uma empresa de economia mista para definir uma política para o etanol tal qual a Petrobras cuida do petróleo. A criação de um órgão que possa cuidar rigorosamente da produção voltada para o assentado da reforma agrária, o pequeno e médio produtor de modo a poder redesenhar um novo cenário que possa dar sustentabilidade à produção do etanol, desenvolver tecnologia e ocupar um espaço no mercado externo. E para que o Brasil possa ocupar uma posição de relevo no cenário internacional é importante, portanto, que se tenha uma política nacional para o etanol, unificando posições e definindo estratégias de modo a avançar na consolidação de uma posição de liderança mundial na produção do etanol.

A abertura do mercado, quebrando a estrutura oligopolística existente, é que vai permitir dar sustentabilidade de suprimento ao mercado interno e externo. Com isso, ocorrerá um choque na oferta de etanol, pela incorporação de milhares de pequenos, médios e associações de assentamentos e cooperativas de produtores na produção do etanol. Os efeitos benéficos são múltiplos que modificarão o padrão de desenvolvimento da economia brasileira, fortalecendo as economias locais e regionais, ampliando o mercado interno e melhorando a distribuição de renda. Um outro efeito

FERNANDO NETTO SAFATLE

benéfico seria o impacto estruturante com reflexos no processo an-
tiinflacionário, pela redução dos custos de produção, acarretado
pelo corte no *passeio*, das margens de lucro da intermediação do
etanol e melhor racionalização do processo produtivo, como consequência do fortalecimento das economias locais e regionais.

Além do que, não se pode deixar de considerar os avanços no
desenvolvimento tecnológico que deverão possibilitar o uso do
etanol no lugar do óleo diesel como combustível capaz de mover
caminhões, ônibus, tratores e motobombas. Com isso, o sistema
de produção agrícola será impactado com a produção dos biocombustíveis, usando a energia produzida por ela mesma: uma
situação excepcional de autosuficiencia energética. É a agricultura
produzindo sua própria energia. Um mundo, onde cada agricultor
terá em potencial um verdadeiro poço de petróleo sob seus pés,
contribuindo, para gerar uma energia renovável e limpa.

Em suma, esse projeto de nação não se constrói apenas introduzindo os pequenos e médios produtores, os assentamentos
rurais e os cooperativados em um negócio lucrativo, com todos
os benefícios virtuosos daí decorrentes. Essa mudança traz uma
transformação na consciência coletiva, pois recoloca a pequena
propriedade em novo paradigma de desenvolvimento sustentável social e ambientalmente. Ela transita de um modelo onde
predomina a grande empresa e suas formas monopolistas de
mercado, a prevalência de um modo de produção predatório
que ameaça a própria existência, para outro, em que os valores
da preservação, a reapropriação da natureza são fundamentais
para a vida das gerações futuras. Por outro lado, o impacto de
um programa de 1 milhão de microdestilarias traz no seu bojo

A ECONOMIA POLÍTICA DO ETANOL

mudanças inexoráveis no perfil do próprio modelo econômico vigente, introduzindo uma lógica no sistema de produção diferenciada recortada por um novo desenho no desenvolvimento regional e local.

Quando se sabe que 20% dos habitantes mais ricos do planeta consomem cerca de 80% das matérias-primas e energia produzidas anualmente, temos que questionar a possibilidade da universalização do *"american way of life"* que o mundo inteiro persegue. Afinal, seriam necessários cinco planetas para oferecer a todos os habitantes da Terra o atual estilo de vida vivido pelos ricos, dos países ricos, e seu padrão de desenvolvimento almejado pelos povos que não desfrutam desse estilo de vida, segundo afirma Carlos Walter.

A globalização, segundo afirma Gonçalves,[4] ao comandar uma mesma lógica econômica e ao unificar um padrão de desenvolvimento impossível de ser alcançado pela humanidade como um todo, coloca em risco a própria existência do planeta, ignorando os problemas decorrentes do modo de produção que degrada e provoca a crise ambiental de proporções inusitadas como revela a escassez de energia e dos limites impostos por ela.

A proposta inscrita de democratização do programa do etanol não é isolada, ela se insere na tentativa de redesenhar um novo modelo de produção da agro energia, sustentada na convicção de que o desafio ambiental a ser enfrentado requer novos valores, distintos dos apregoados pelo mundo da competição – solidariedade,

---

4   *A globalização da natureza e a natureza da globalização* – Carlos Walter Porto-Gonçalves.

257

FERNANDO NETTO SAFATLE

equidade, justiça e democracia. O avanço da produção do etanol em bases mais democráticas permitirá que o Brasil possa melhorar os indicadores de redução de gás carbono e, de forma combinada, promover o desenvolvimento rural. O desenvolvimento rural na concepção de Ignacy Sachs se diferencia do desenvolvimento meramente agrícola, pois incentiva os empregos rurais e não os somente agrícolas. Exemplos aqui são a agroindústria, o artesanato e a prestação de serviços gerados pelo agronegócio.[5] Isso não significa, é claro, promover um verdadeiro retorno da população que migrou de volta ao campo. Essa é uma tendência inexorável e sem volta. Na historia só se viu um fenômeno de retorno ao campo no Camboja, em uma situação singular e forçada por um regime totalitário. De resto, o que se espera é que a promoção de uma atividade que aumenta a renda da pequena e média propriedade e dos assentados da reforma agrária, indubitavelmente promoverá um efeito multiplicador na economia como um todo como fator de realimentação da renda e do emprego, gerando um ambiente de sinergia entre o mundo rural e urbano. Finalmente, ao Brasil se oferece as condições excepcionais de liderar um processo de produção de biocombustível aprofundando e avançando em dois aspectos fundamentais: democratizando sua base de produção e incorporando tecnologias que o tornam ambientalmente sustentável. Sem duvida, ao caminhar nessa direção estará sendo referencia no mundo e não deixará de provocar um forte impacto na mudança da geopolítica mundial ao se transformar em potencia na produção de energia renovável de novo tipo.

---

5   *Bioenergia: uma janela de oportunidade* (Ignacy Sachs) em Biocombustiveis –A energia da controvérsia-Editora Senac-SP

ANEXOS

PORTARIA ANP N° 126, DE 8.8.2002 – DOU 9.8.2002

Altera a redação dos artigos $3^{\underline{o}}$, $4^{\underline{o}}$, $5^{\underline{o}}$, $6^{\underline{o}}$, $8^{\underline{o}}$, 10 e Regulamento Técnico, inclui o artigo $4^{\underline{o}}$-A, revoga o art. 12 e ratifica os demais dispositivos da Portaria ANP $n^{\underline{o}}$ 2, de 16 de janeiro de 2002 que estabelece as especificações para comercialização do Etanol Etílico Anidro Combustível (AEAC) e do Etanol Etílico Hidratado Combustível (AEHC) em todo o território nacional e define obrigações dos agentes econômicos sobre o controle de qualidade do produto.

Nota:

A Resolução ANP $n^{\underline{o}}$ 36, de 6.12.2005 – DOU 7.12.2005 – Efeitos a partir de 7.12.2005, revogou a Portaria ANP $n^{\underline{o}}$ 2, de 16.1.2002 – DOU 17.1.2002 e demais disposições em contrário.

259

FERNANDO NETTO SAFATLE

O Diretor-Geral da Agência Nacional do Petróleo- ANP, no uso de suas atribuições legais, com base nas disposições da Lei nº 9.478, de 6 de agosto de 1997, e na Resolução de Diretoria nº 540, de 7 de agosto de 2002, torna público o seguinte ato: Art. 1°. Os artigos 3°, 4°, 5°, 6º, 8º e 10 da Portaria ANP nº 2, de 16 de janeiro de 2002, passam a vigorar com a seguinte redação: "Art. 3°. Os Produtores e Importadores deverão manter sob sua guarda, pelo prazo mínimo de 2 (dois) meses a contar da data da comercialização do produto, uma amostra-testemunha de cada batelada de produto comercializado, armazenada em embalagem devidamente lacrada e acompanhada de Certificado de Qualidade. (NR) § 1º. O Certificado de Qualidade, referente à batelada do produto comercializado deverá ser firmado pelo químico responsável pelas análises laboratoriais efetivadas, com indicação legível de seu nome e número da inscrição no órgão de classe. (NR) § 2º. Durante o prazo assinalado no caput deste artigo a amostra-testemunha e o respectivo Certificado de Qualidade deverão ficar à disposição da ANP para qualquer verificação julgada necessária. (NR) Art. 4º. A documentação fiscal referente às operações de comercialização do AEAC e do AEHC realizadas pelo Produtor ou Importador deverá ser acompanhada de cópia legível do respectivo Certificado de Qualidade, atestando que o produto comercializado atende às especificações estabelecidas no Regulamento Técnico. No caso de cópia emitida eletronicamente, deverá estar indicado, na cópia, o nome e o número da inscrição no órgão de classe do responsável técnico pelas análises laboratoriais efetivadas. (NR) Art. 5°. O Distribuidor de combustíveis automotivos, autorizado pela ANP a realizar as adições de AEAC à gasolina A, para

A ECONOMIA POLÍTICA DO ETANOL

produção da gasolina C, deverá manter sob sua guarda, pelo prazo mínimo de 7 (sete) dias, uma amostra-testemunha, armazenada em embalagem devidamente lacrada, coletada ao final do dia, de cada tanque de AEAC em operação, acompanhada do Certificado de Qualidade emitido pelo Produtor ou Importador, sempre que houver recebimento deste produto. (NR)

Art. 6º. O Distribuidor de combustíveis automotivos deverá certificar a qualidade do AEHC a ser entregue ao Revendedor Varejista através da realização de análises laboratoriais em amostra representativa do produto, emitindo o Boletim de Conformidade devidamente assinado pelo respectivo responsável técnico, com indicação legível de seu nome e número da inscrição no órgão de classe, contendo as seguintes características do produto: aspecto, cor, massa específica, teor alcoólico, potencial hidrogeniônico e condutividade elétrica. (NR)

§ 1º. O Boletim de Conformidade original deverá ficar sob a guarda do Distribuidor, por um período de 2 (dois) meses, à disposição da ANP, para qualquer verificação julgada necessária. (NR)

§ 2º. Os resultados da análise das características constantes do Boletim de Conformidade deverão estar enquadrados nos limites estabelecidos pelo Regulamento Técnico, devendo o produto atender às demais características exigidas no mesmo.

§ 3º. Uma cópia do Boletim de Conformidade deverá acompanhar a documentação fiscal de comercialização do produto no seu fornecimento ao Revendedor Varejista. No caso de cópia emitida eletronicamente, deverá estar registrado, na cópia, o nome e o número da inscrição no órgão de classe do responsável técnico pelas análises laboratoriais efetivadas. (NR)

261

FERNANDO NETTO SAFATLE

Art. 8º. O Distribuidor deverá enviar à ANP, até o 15º (décimo quinto) dia do mês subsequente àquele a que se referirem os dados enviados, um sumário estatístico dos Boletins de Conformidade emitidos, gravado em disquete de 3,5 polegadas para microcomputador ou através do endereço eletrônico distruibuidor@anp.gov. br, ambos no formato de planilha eletrônica, devendo conter:

i – identificação do Distribuidor;

ii – mês de referência dos dados certificados;

iii – volume total comercializado no mês;

iv – identificação do Produtor ou Importador de quem foi adquirido o AEHC e

v – tabela de resultados em conformidade com o modelo seguinte:

Característica	Unidade	Método	Mínimo	Máximo	Média	Desvio
Massa específica a 20°C	kg/m³					
Teor alcoólico	°INPM					
Potencial hidrogeniônico (pH)	–					
Condutividade elétrica	flS/m					

onde:

Método – procedimento padronizado constante da especificação em vigor segundo o qual a característica foi analisada (NR)

Mínimo, Máximo – valores mínimos e máximos encontrados nas determinações laboratoriais do mês

262

A ECONOMIA POLÍTICA DO ETANOL

Média – média ponderada pelos volumes objetos das análises realizadas

Desvio – desvio padrão da amostragem

Art. 10. Fica concedido o prazo de 30 (trinta) dias, a partir da publicação da presente Portaria, para que o Produtor, o Importador e o Distribuidor se adequem ao disposto nos arts. 3°, 4°, 4°-A , 5°, 6° e 8° desta Portaria". (NR)

Art. 2°. A Tabela das Especificações do AEAC e do AEHC contida no Regulamento Técnico ANP nº 01/2002 da Portaria ANP nº 2, de 16 de janeiro de 2002, passa a vigorar com a seguinte redação:

FERNANDO NETTO SAFATLE

"Regulamento técnico ANP N° 01/2002

Característica	Unidade	Especificações		Método	
		AEAC	AEHC	ABNT /NBR	ASTM (1)
Aspecto	–	(2)	(2)	Visual	
Cor	–	(3)	(3)	Visual	
Acidez total (como ácido acético), max.	mg/l	30	30	9866	D 1613
Condutividade elétrica, max.	ßS/m	500	500	10547	D 1125
Massa específica a 20°C	kg/m³	791,5 máx.	807,6 a 811,0 (4)	5992	D 4052
Teor alcoólico	°INPM	99,3 mín.	92,6 a 93,8 (4)	5992	–
Potencial hidrogeniônico (pH)	–	–	6,0 a 8,0	10891	–
Resíduo por evaporação, máx. (5)	mg/100ml	–	5	8644	–
Teor de hidrocarbonetos, máx. (5) (NR)	%vol.	3,0	3,0	13993	–
Íon Cloreto, máx. (5)	mg/kg	–	1	10894/ 10895	D 512(6)
Teor de etanol, mín. (7)	%vol.	99,3	92,6	–	D 5501
Íon Sulfato, máx. (8) (NR)	mg/kg	–	4	10894/ 12120	–
Ferro, máx. (8)	mg/kg	–	5	11331	–
Sódio, máx. (8) (NR)	mg/kg	–	2	10422	–
Cobre, máx. (8) (9) (NR)	mg/kg	0,07	–	10893	–

A ECONOMIA POLÍTICA DO ETANOL

(1) Poderão ser utilizados como métodos alternativos para a avaliação das características nos casos de importação do etanol, com exceção do método ASTM D4052, que poderá ser sempre utilizado como método alternativo para a determinação da massa específica.

(2) Límpido e isento de impurezas.

(3) Incolor a amarelada se isento de corante, cuja utilização é permitida no teor máximo de 20mg/l com exceção da cor azul, restrita à gasolina de aviação.

(4) Aplicam-se na Importação e Distribuição os seguintes limites para a massa específica e teor alcoólico do AEHC: 805,0 a 811,0 e 92,6 a 94,7 respectivamente.

(5) Limite admitido na Importação e Distribuição, não sendo exigida a análise para a emissão do Certificado de Qualidade pelos Produtores. (NR)

(6) Procedimento C e modificação constante na ASTM D4806.

(7) Requerido quando o etanol não for produzido por via fermentativa a partir da cana-de-açúcar.

(8) O produtor deverá transcrever no Certificado de Qualidade o resultado obtido na última determinação quinzenal, conforme previsto no art. 4º-A da presente Portaria. (NR).

(9) Deverá ser sempre determinado no AEAC que tiver sido transportado ou produzido em local que possua equipamentos ou linhas de cobre, ou ligas que contenham este metal.(NR)

Art. 3°. Fica incluído o artigo 4°-A na Portaria ANP nº 2, de 16 de janeiro de 2002, com a seguinte redação:

"Art.4°-A. Os produtores deverão enviar mensalmente à ANP/SQP, até o 15º (décimo quinto) dia àquele a que se referirem os dados enviados, um sumário estatístico dos Certificados de

265

Qualidade com os valores mínimo, máximo, médio e desvio das seguintes características: acidez, condutividade elétrica, massa específica, teor alcoólico, potencial hidrogeniônico, sulfato, ferro, cobre, e sódio.

§ 1°. As análises de sulfato ferro, cobre e sódio serão realizadas quinzenalmente em uma amostra composta preparada a partir das amostras coletadas diariamente dos tanques em movimentação.

§ 2°. Na hipótese do AEAC transportado ou produzido em local que possua equipamentos ou linhas de cobre, ou ligas que contenham este metal, a análise de cobre deverá ser sempre realizada para a emissão do Certificado de Qualidade.

§ 3°. Os sumários estatísticos deverão conter a identificação da unidade produtora, o mês a que se refere o envio e o volume total de produto comercializado, cujas amostras foram analisadas, em conformidade com o modelo abaixo.

Característica	Método	Unidade	Mínimo	Máximo	Média	Desvio

onde:

Característica – item da respectiva especificação do produto

Método – procedimento padronizado constante na especificação em vigor segundo o qual a característica foi analisada

Unidade – unidade em que está reportado o valor da característica

Mínimo, Máximo – valores mínimos e máximos encontrados nas determinações laboratoriais do mês

A ECONOMIA POLÍTICA DO ETANOL

Média – média ponderada pelos volumes objetos das análises realizadas

Desvio – desvio padrão da amostragem

§ 4°. Os relatórios deverão ser enviados à ANP gravados em disquetes de 3,5 polegadas para microcomputador ou através do e-mail no endereço sqp@anp.gov.br."

Art. 4º. Ficam ratificados os demais dispositivos da Portaria ANP nº 2, de 16 de janeiro de 2002, que deverá ser republicada com as alterações determinadas por esta Portaria.

Art. 5°. Esta Portaria entra em vigor na data de sua publicação.

Art. 6°. Revogam-se o artigo 12 da Portaria ANP nº 2, de 16 de janeiro de 2002, e demais disposições em contrário.

SEBASTIÃO DO REGO BARROS

AGÊNCIA NACIONAL DO PETRÓLEO,
GÁS NATURAL E BIOCOMBUSTÍVEIS

RESOLUÇÃO ANP N° 5, DE 24.2.2005 – DOU 25.2.2005

O substituto eventual do Diretor-Geral da Agência Nacional do Petróleo, Gás Natural e Biocombustíveis – ANP, de acordo com o disposto no § 3º do artigo 6º do Anexo I ao Decreto nº 2.455, de 14 de janeiro de 1998, com base nas disposições da Lei n° 9.478, de 06 de agosto de 1997 e na Resolução de Diretoria nº 61, de 22 de fevereiro de 2005, e

Considerando os aspectos de consumo de combustível e emissões de poluentes decorrentes da utilização do etanol combustível;

FERNANDO NETTO SAFATLE

Considerando os futuros limites de emissões veiculares estipulados pela Resolução CONAMA nº *315/2002* para homologação dos veículos movidos a etanol e a gasolina contendo etanol; Considerando as disposições previstas no Programa de Controle da Poluição do Ar por Veículos Automotores – PROCONVE – que estabelecem o uso obrigatório de combustíveis padrões para os ensaios de consumo e emissões veiculares nos testes para homologação de veículos, torna público o seguinte ato:

Art. 1º. Ficam estabelecidas as especificações dos álcoois combustíveis, anidro e hidratado, utilizados como padrões nos ensaios de consumo de combustível e emissões veiculares, constantes do Regulamento Técnico nº 1/2005 em anexo, parte integrante desta Resolução.

Art. 2º. Esta Resolução entra em vigor na data de sua publicação.

Art. 3º. Fica revogada a Resolução CNP nº *01* de 22 de janeiro de 1985 e demais disposições em contrário.

HAROLDO BORGES RODRIGUES LIMA

A ECONOMIA POLÍTICA DO ETANOL

ANEXO

REGULAMENTO TÉCNICO ANP N° 1/2005

1. Objetivo

Este Regulamento Técnico aplica-se ao Etanol Etílico Anidro Combustível (AEAC) e ao Etanol Etílico Hidratado Combustível (AEHC), destinados à utilização como padrões nos ensaios de consumo e emissões para a homologação de veículos.

2. Normas aplicáveis

A determinação das características do etanol etílico combustível será realizada mediante o emprego de normas brasileiras (NBR) da Associação Brasileira de Normas Técnicas – ABNT.

Os dados de precisão, repetitividade e reprodutibilidade fornecidos nos métodos relacionados neste Regulamento devem ser usados somente como guia para aceitação das determinações em duplicata do ensaio e não devem ser considerados como tolerância aplicada aos limites especificados neste Regulamento.

A análise do produto deverá ser realizada em uma amostra representativa do mesmo obtida segundo métodos ABNT NBR 14883 – Petróleo e produtos de petróleo – Amostragem Manual ou ASTM D 4057 – Prática para Amostragem de Petróleo e Produtos Líquidos de Petróleo (Practice for Manual Sampling of Petroleum and Petróleo Products).

As características constantes da Tabela I em anexo deverão ser determinadas de acordo com a publicação mais recente entre seguintes métodos de ensaio:

269

FERNANDO NETTO SAFATLE

Método	Título
NBR 5992	Determinação da massa específica e do teor alcoólico do Etanol Etílico e suas misturas com água
NBR 8644	Etanol Etílico Combustível – Determinação do resíduo por evaporação
NBR 9866	Etanol Etílico – Verificação da alcalinidade e determinação da acidez total
NBR 10422	Etanol Etílico – Determinação do teor de sódio por fotometria de chama
NBR 10547	Etanol Etílico – Determinação da condutividade elétrica
NBR 10891	Etanol Etílico Hidratado – Determinação do pH
NBR 10893	Etanol Etílico – Determinação do teor do cobre por espectrofotometria de absorção atômica
NBR 10894	Etanol Etílico – Determinação dos íons cloreto e sulfato por cromatografia iônica
NBR 12120	Etanol Etílico – Determinação do teor de sulfato por volumetria

TABELA I – ESPECIFICAÇÕES DO ETANOL ETÍLICO ANIDRO COMBUSTÍVEL – AEAC E DO ETANOL ETÍLICO HIDRATADO COMBUSTÍVEL – AEHC, PADRÕES PARA ENSAIOS DE CONSUMO E EMISSÕES.

Características	Unidades	Limites		Métodos
		AEAC	AEHC	ABNT NBR
Aspecto		Aprovada (1)		14954 (2)
Cor		(3)		
Acidez total (como ácido acético) máx.	Mg/L	30,0	30,0	9866
Condutividade elétrica, máx	flS/m	500	500	10547
Massa específica a 20°C	Kg/m³	790,9+-0,6	809,3+-1,1	5992
Teor alcoólico	°INPM	99,5+-0,2	93,2+-0,4	5992
Potencial hidrogeniônico (pH)	-	-	6,0 a 8,0	10891
Resíduo por evaporação, máx.	Mg/100mL	5	5	8644

A ECONOMIA POLÍTICA DO ETANOL

c	Mg/100mL	5	5	8644
Ion Sulfato, máx	Mg/kg	2	2	10894/ 12120
Sódio, máx	Mg/kg	2	2	10422
Cobre, máx	Mg/kg	0,03	-	10893
Aldeídos, máx.	Mg/L	-	60	Cromato grafia
Ésteres, máx.	Mg/L	-		gasosa
Álcoois Superiores, máx.	Mg/L	-	100	
			500	

(1) Límpida e isenta de água ou material em suspensão, conforme condições determinadas no método especificado para avaliação do Aspecto.

(2) Procedimento 1

(3) Incolor à amarelada

AGÊNCIA NACIONAL DO PETRÓLEO, GÁS NATURAL E BIOCOMBUSTÍVEIS

RESOLUÇÃO N° 5, DE 13 DE FEVEREIRO DE 2006

O Diretor-Geral da Agência Nacional do Petróleo, Gás Natural e Biocombustíveis – ANP, no uso de suas atribuições, de acordo com as disposições da Lei nº 9.478, de 6 de agosto de 1997, e da Resolução de Diretoria nº 35, de 3 de fevereiro de 2006,

FERNANDO NETTO SAFATLE

considerando que compete à ANP regular as atividades relativas ao abastecimento nacional de petróleo, gás natural, seus derivados e biocombustíveis, definido na Lei n.º 9.847, de 26 de outubro de 1999, como de utilidade pública;

considerando que o abastecimento nacional abrange a atividade de comercialização, distribuição, revenda e controle de qualidade de etanol etílico combustível para fins automotivos;

considerando a necessidade de identificar as pessoas jurídicas integrantes do sistema de abastecimento nacional de combustíveis, que fornecem etanol etílico combustível para fins automotivos a distribuidores;

considerando a necessidade de aprimorar o mecanismo de controle e de acompanhamento do volume de etanol etílico combustível para fins automotivos comercializado no País, torna público o seguinte ato:

Das Disposições Gerais

Art. 1º Ficam estabelecidos, pela presente Resolução, os requisitos para cadastramento de fornecedor, comercialização e envio de dados de etanol etílico combustível para fins automotivos.

Das Definições

Art. 2º Para os fins desta Resolução, adotam-se as seguintes definições:

I – etanol etílico combustível para fins automotivos: etanol etílico anidro combustível (AEAC) e etanol etílico hidratado combustível (AEHC), comercializado no mercado interno para fins automotivos, em conformidade com as especificações da ANP;

A ECONOMIA POLÍTICA DO ETANOL

II – distribuidor: pessoa jurídica, constituída sob as leis brasileiras, autorizada para o exercício da atividade de distribuição de combustíveis líquidos derivados de petróleo, etanol combustível, biodiesel, mistura óleo diesel/biodiesel especificada ou autorizada pela ANP e outros combustíveis automotivos;

III – fornecedor: produtor com unidade fabril instalada no território nacional e cooperativa de produtores de etanol etílico, ambos com código de cadastramento no Ministério da Agricultura, Pecuária e Abastecimento, e importador de etanol etílico combustível para fins automotivos; e

IV – importador de etanol etílico combustível para fins automotivos: pessoa jurídica, constituída sob as leis brasileiras, que adquire etanol etílico exclusivamente de procedência do mercado externo para comercialização no mercado interno.

Do Cadastramento do Fornecedor de Etanol Etílico Combustível para Fins Automotivos

Art. 3º A comercialização de etanol etílico combustível para fins automotivos somente poderá ser efetuada após cadastramento do fornecedor na ANP, no endereço eletrônico www.anp.gov. br, por meio do preenchimento da Ficha Cadastral de Fornecedor de Etanol Etílico Combustível para Fins Automotivos.

§ 1º A ANP somente cadastrará os produtores e cooperativas de produtores de etanol etílico combustível que possuam código de cadastramento no Ministério da Agricultura, Pecuária e Abastecimento.

§ 2º O Certificado de Cadastramento de Fornecedor de Etanol Etílico Combustível para Fins Automotivos será emitido por via eletrônica após o preenchimento da Ficha Cadastral de que trata o caput deste artigo.

§ 3º Alterações cadastrais do fornecedor deverão ser informadas no endereço eletrônico discriminado no caput deste artigo no prazo máximo de 30 (trinta) dias a contar da efetivação do ato.

§ 4º As alterações cadastrais, de que trata o parágrafo anterior, referentes à mudança de razão social, nome fantasia e Cadastro Nacional de Pessoa Jurídica – cnpj deverão ser efetuadas primeiramente no Ministério da Agricultura, Pecuária e Abastecimento.

Art. 4º O fornecedor somente poderá comercializar etanol etílico combustível para fins automotivos após a emissão do Certificado de Cadastramento de Fornecedor de Etanol Etílico Combustível para Fins Automotivos.

Da Comercialização

Art. 5º O fornecedor somente poderá comercializar etanol etílico combustível para fins automotivos com:

i – distribuidor, autorizado pela anp; e

ii – mercado externo.

Art. 6º O distribuidor de que trata o inciso I do artigo anterior somente poderá adquirir etanol etílico combustível para fins automotivos:

i – de outro distribuidor, observada a regulamentação aplicável;

ii – de fornecedor cadastrado na anp, nos termos desta Resolução; e

iii – diretamente do mercado externo.

Art. 7º Fica vedada a comercialização, entre fornecedor e distribuidor, de etanol etílico combustível que não se enquadre

A ECONOMIA POLÍTICA DO ETANOL

nas especificações da Resolução ANP nº 36, de 6 de dezembro de 2005, ou de outro ato normativo que a substitua.

Das Obrigações

Art. 8º O fornecedor obriga-se a:

I – enviar, até o dia 15 (quinze) do mês subsequente ao de competência, os dados de comercialização, do mercado interno, de etanol etílico combustível para fins automotivos por meio do arquivo eletrônico "Demonstrativo de Produção e Movimentação de Produtos – DPMP", nos termos da Resolução ANP nº 17, de 31 de agosto de 2004, ou de outra que a substitua;

II – lacrar com selo numerado cada compartimento do caminhão-tanque, vagão-tanque, balsa-tanque e qualquer outro veículo que venha a ser utilizado para o transporte de etanol etílico combustível para fins automotivos, cujo número deverá constar da nota fiscal do produto; e

III – manter a documentação, nos termos da legislação tributária em vigor, inclusive notas fiscais, relativa à comercialização de etanol etílico combustível para fins automotivos disponível a agentes de fiscalização da ANP ou de órgãos conveniados. Parágrafo único. A ANP poderá solicitar informações, documentos ou providências adicionais pertinentes à comercialização e à qualidade dos produtos tratados nesta Resolução, indicando o motivo ao requerente.

Das Disposições Transitórias

Art. 9º Ficam concedidos ao fornecedor de etanol etílico combustível para fins automotivos em operação os prazos de:

275

FERNANDO NETTO SAFATLE

I – 60 (sessenta) dias para atender ao disposto no art. 3º desta Resolução; e

II – 180 (cento e oitenta) dias para atender ao disposto no inciso I do art. 8º desta Resolução.

Das Disposições Finais

Art. 10. Caberá à ANP adotar procedimentos, no âmbito de suas atribuições legais, para a mediação de conflitos decorrentes de situações não previstas nesta Resolução.

Art. 11. O cadastramento será cancelado nos seguintes casos:

I – extinção do fornecedor, judicial ou extrajudicialmente;

II – por decretação de falência do fornecedor;

III – por requerimento do fornecedor; e

IV – cancelamento ou suspensão do código de cadastramento do produtor ou da cooperativa de produtores de etanol etílico combustível, por parte do Ministério da Agricultura, Pecuária e Abastecimento.

Art. 12. Os funcionários da ANP e de órgãos conveniados terão livre acesso às instalações do fornecedor.

Art. 13. O não atendimento às disposições desta Resolução sujeita o infrator às penalidades previstas na Lei n.º 9.847, de 26 de outubro de 1999, e no Decreto n.º 2.953, de 28 de janeiro de 1999, sem prejuízo das demais sanções cabíveis.

Art. 14. A presente Resolução entra em vigor na data de sua publicação no Diário Oficial da União.

HAROLDO BORGES RODRIGUES LIMA

SENADO FEDERAL
SUBSECRETARIA DE INFORMAÇÕES

DECRETO Nº 82.476, DE 23 DE OUTUBRO DE 1978

Estabelece normas para o escoamento e a comercialização do etanol para fins carburantes.

O Presidente Da República, usando das atribuições que lhe confere o artigo 81, item III da Constituição,

Decreta:

Art. 1º – O etanol para fins carburantes será faturado pelos produtores diretamente às companhias distribuidoras de derivados de petróleo.

Parágrafo único. – O Conselho Nacional do Petróleo, em articulação com o Instituto do Açúcar e do Etanol, estabelecerá normas específicas com relação ao escoamento, para outros centros de consumo, do excesso de produção verificado nas regiões produtoras.

Art. 2º – O Conselho Nacional do Petróleo ressarcirá aos produtores de etanol para fins carburantes, por intermédio das distribuidoras de derivados de petróleo, os juros pelo prazo da operação de venda, que não exceder a trinta dias, calculados à mesma taxa incidente nos financiamentos da "warrantagem" oficial do referido produto.

Parágrafo único – Quando o pagamento, pelas distribuidoras ao produtor, exceder de trinta dias, caberá àquelas o ressarcimento no período que exceder àquele prazo.

Art. 3º – As despesas de transferência do etanol carburante, bem como toda e qualquer despesa decorrente da comercialização do referido produto, inclusive a eventual diferença

FERNANDO NETTO SAFATLE

do preço de faturamento a maior do etanol, em relação à gasolina ou a qualquer derivado do petróleo, que venha a ter mistura de etanol, correrá a conta de recursos escriturados na alínea "l" do Decreto-lei nº 1.420, de 09 de outubro de 1975, na conformidade do artigo 9º do Decreto nº 80.762, de 18 de novembro de 1977.

Parágrafo único – O Conselho Nacional de Petróleo alocará, na estrutura de preços do etanol carburante, parcelas para a cobertura financeira da sua comercialização, de acordo com proposta a ser homologada pelo Ministro da Fazenda.

Art. 4º – O Conselho Nacional do Petróleo e o Instituto do Açúcar e do Etanol regularão, em ato conjunto, as sanções a que estarão sujeitas as empresas que descumprirem as normas para a produção, o escoamento e a comercialização do etanol para fins carburantes.

Art. 5º – Este Decreto entrará em vigor na data de sua publicação, revogadas as disposições em contrário.

Brasília, 23 de outubro de 1978; 157º da Independência e 90º da República.

ERNESTO GEISEL
MÁRIO HENRIQUE SIMONSEN
LYCIO DE FARIA
SHIGEAKI UEKI

A ECONOMIA POLÍTICA DO ETANOL

LEI 15456 2005 DE 12/01/2005 (TEXTO ORIGINAL)

Institui a Política Estadual de Incentivo às Microdestilarias de
Etanol e Beneficiamento de Produtos Derivados da cana-de-açúcar.

O Governador do Estado de Minas Gerais

O Povo do Estado de Minas Gerais, por seus representantes,
decretou, e eu, em seu nome, promulgo a seguinte Lei:

Art. 1º – Fica instituída a Política de Incentivo às Microdestilarias
de Etanol e Beneficiamento de Produtos Derivados da Cana-de-
Açúcar, formulada e executada como parte da política de desenvolvimento socioeconômico regional integrado e sustentável e
voltada para a geração de emprego e renda nas regiões adminis-
trativas do Estado.

Art. 2º – Para os efeitos desta Lei, entende-se por microdestilaria a unidade com capacidade de produção de até 5.000l (cinco mil
litros) de etanol por dia;

Art. 3º – Serão atendidas prioritariamente pela política de que
trata esta Lei as regiões com vocação agrícola para a produção da
cana-de-açúcar em pequenas e médias propriedades. Parágrafo
único. São destinatários preferenciais da política de que trata esta
Lei os agricultores familiares, os pequenos e médios produtores
rurais, os trabalhadores em regime de parceria, os meeiros, os co-
modatários, os assentados em projetos de reforma agrária e os
arrendatários rurais.

Art. 4º – São objetivos da Política Estadual de Incentivo
às Microdestilarias de Etanol e Beneficiamento de Produtos
Derivados da Cana-de-Açúcar:

FERNANDO NETTO SAFATLE

i – estimular investimentos em pequenos empreendimentos de interesse das comunidades rurais, do agricultor familiar, das associações e das cooperativas, como forma de incentivar a produção do etanol combustível para o auto-abastecimento, da aguardente, do açúcar mascavo, da rapadura e de outros produtos derivados da cana-de-açúcar;

ii – criar alternativas de emprego e renda em regiões produtoras de cana-de-açúcar.

Art. 5º – Na implementação da Política Estadual de Incentivo às Microdestilarias de Etanol e Beneficiamento de Produtos Derivados da Cana-de-Açúcar, cabe ao poder público:

i – apoiar a implantação e o desenvolvimento de microdestilarias de etanol e fábricas de beneficiamento dos produtos derivados da cana-de-açúcar em regiões do Estado com vocação para a produção de cana-de-açúcar;

ii – criar oportunidades de renda e de trabalho para os projetos beneficiados pelos assentamentos de reforma agrária;

iii – estimular atividades agropecuárias que utilizem os subprodutos do beneficiamento da cana-de-açúcar;

iv – estimular parcerias entre os órgãos estaduais e federais de pesquisa e extensão rural, com o objetivo de dotar tecnologicamente os empreendimentos beneficiados pela política de que trata esta Lei, aumentando a produtividade agrícola e a eficiência tecnológica;

v – criar mecanismos para viabilizar a comercialização dos produtos derivados da cana-de-açúcar e estimular a produção do etanol combustível para consumo dos cooperados, em caso de cooperativa, dos associados, em casos de associações, ou dos produtores rurais independentes;

A ECONOMIA POLÍTICA DO ETANOL

VI – criar linhas de crédito para financiar projetos de microdestilaria ou beneficiamento dos produtos derivados da cana-de-açúcar;

VII – articular as políticas de incentivo às microdestilarias com os programas de geração de emprego e renda, buscando o desenvolvimento regional integrado e sustentável;

VIII – estimular a busca constante da qualidade dos produtos, por meio de cursos de capacitação e organização empresarial;

IX – criar campanhas de promoção dos produtos das microdestilarias e derivados da cana-de-açúcar, apoiando e estimulando a sua colocação no mercado consumidor;

X – estimular o cooperativismo e o associativismo;

XI – buscar integração entre a produção agrícola, o beneficiamento e as práticas de conservação e sustentabilidade do meio ambiente.

Art. 6º – São instrumentos da Política Estadual de Incentivo às Microdestilarias e ao Beneficiamento dos Produtos Derivados da Cana-de-Açúcar:

I – o crédito rural;

II – o incentivo fiscal e tributário;

III – a pesquisa agropecuária e tecnológica;

IV – a extensão rural e a assistência técnica;

V – a promoção e a comercialização dos produtos;

VI – o certificado de origem e qualidade dos produtos destinados à comercialização.

Art. 7º – A Política Estadual de Incentivo às Microdestilarias e ao Beneficiamento dos Produtos Derivados da Cana-de-Açúcar será gerenciada por um órgão específico, ao qual compete operacionalizar:

FERNANDO NETTO SAFATLE

i – o planejamento e a coordenação das políticas de incentivo;

ii – a definição da viabilidade técnica e econômica dos projetos;

iii – o acompanhamento da execução da política de que trata esta Lei;

iv – o suporte técnico aos projetos, com a prestação de apoio à elaboração, ao desenvolvimento, à execução e à operacionalização dos empreendimentos, por intermédio das empresas de pesquisa agropecuária e de extensão rural;

v – a busca de parcerias com outras entidades, públicas ou privadas, para maximizar a produção e a comercialização dos produtos;

vi – a promoção de cursos de formação e capacitação gerencial para os empreendedores, por meio de parcerias com centros tecnológicos, universidades, organizações não governamentais e centros de formação;

vii – a elaboração de cadastro das microdestilarias do Estado;

viii – a manutenção de cadastro atualizado das microdestilarias constituídas ou em constituição e das inovações propostas para esse segmento da produção agropecuária;

ix – a viabilização de espaços públicos, em parceria com os Municípios e a iniciativa privada, destinados à comercialização dos produtos, para estimular a sua colocação no mercado consumidor;

x – o estímulo à integração das microdestilarias no Estado, por meio da constituição de uma rede solidária, com o intuito de ampliar negócios e a criação de novas unidades;

A ECONOMIA POLÍTICA DO ETANOL

xi – a criação de um selo de identificação para os produtos derivados das microdestilarias e das fábricas de beneficiamento para promover a comercialização e garantir a qualidade dos produtos. Parágrafo único. O órgão a que se refere o caput deste artigo será composto de forma paritária por representantes de órgãos governamentais e de entidades dos empreendedores, escolhidos com seus suplentes.

Art. 8º – A Política Estadual de Incentivo às Microdestilarias será executada com recursos públicos e privados.

Art. 9º – Esta Lei entra em vigor na data de sua publicação.

Palácio da Liberdade, em Belo Horizonte, aos 12 de janeiro de 2005; 217º da Inconfidência Mineira e 184º da Independência do Brasil.

Aécio Neves – Governador do Estado

PARTICIPAÇÃO DAS DISTRIBUIDORAS DE ETANOL HIDRATADO

Distribuidoras	Participação (%)	Distribuidoras	Participação (%)
Total (170 distribuidores)	100,0000		
BR	15,2248	Latina	0,0934
Ipiranga[1]	12,0269	Dinamo	0,0933
Shell	8,0688	Puma	0,0925
Texaco	5,8759	Cruzeiro do Sul	0,0905
Ask	5,8040	Noroeste	0,0849
Esso	5,2894	Petroetanol	0,0842
Petronova	3,7961	D N P	0,0841
OilPetro	2,7079	SulAmérica	0,0838
Liquigas	2,2164	Petroserra	0,0768
Centro-Sul	2,1361	C J	0,0734
Áster	1,6257	Americanoil	0,0669
Petro Sul	1,5775	Granel	0,0655
Gianpetro	1,5768	Gold	0,0647
Manancial	1,5745	Torrão	0,0626
Camacuã	1,1860	Canidé	0,0624
Onyx	1,1295	American	0,0621

Flag	1,0503	Petrobahia	0,0603
Oásis	1,0183	Walendowsky	0,0576
Dedini	1,0109	Frannell	0,0572
Ale	1,0044	Rede Brasil	0,0536
Gpetro	0,9072	Soll	0,0500
Uberlândia	0,8759	Atem's	0,0498
FIC	0,8387	Temape	0,0489
Delta	0,7692	Panamérica	0,0488
M M Original	0,6960	Triângulo	0,0471
T M	0,6893	Petromotor	0,0466
Ocidental	0,6891	Petronac	0,0420
Satélite	0,6787	Sauro	0,0416
Geraes	0,6701	Hora	0,0414
Ciax	0,6504	UNI	0,0407
Águia	0,6433	Megapetro	0,0405
Montes Claros	0,6177	Ambro	0,0389
S R	0,5986	Petrox	0,0382
L M	0,5164	T A	0,0376
Aspen	0,4766	Petrogoiás	0,0367
Petroluz	0,4382	Dark Oil	0,0310
Petronossa	0,4325	Novoeste	0,0286
Total	0,4173	Titanic	0,0270
Petropar	0,4082	Santa Rita	0,0269
Arrows	0,3835	Watt	0,0262
Caomé	0,3780	Euro Combustíveis	0,0257
Jumbo	0,3703	Safra	0,0255
STS	0,3375	Liderpetro	0,0251
RepsolYPF	0,3364	Pérola	0,0240
Caribean	0,3199	Agecom	0,0239
Petroball	0,3099	Petromil	0,0238
Petromarte	0,2917	Jacar	0,0226
Mime	0,2730	MisterOil	0,0221
Ticpetro	0,2585	Alcom	0,0216
Federal	0,2570	Sulpetro	0,0200
Atlas	0,2467	Volpato	0,0196
F C	0,2418	Fan	0,0186
Potencial	0,2293	Dibrape	0,0175
Summer	0,2249	P D V Brasil	0,0125
Small	0,2242	Chebabe	0,0121
Dislub	0,2225	MegaUnion	0,0117
Simarelli	0,2218	Sultão	0,0094
Polipetro	0,2201	RealMinas	0,0081
Taurus	0,1997	PortalOil	0,0076
Mercosul	0,1964	Ecológica	0,0073
Charrua	0,1956	C D C	0,0065
U B P	0,1929	K 8	0,0061

A ECONOMIA POLÍTICA DO ETANOL

Ciapetro	0,1902		Monte Carmelo	0,0059
Ello	0,1893		Isabella	0,0057
Asadiesel	0,1849		Millenium	0,0054
Petrobom	0,1833		Euro Petróleo	0,0054
S Distribuidora	0,1784		W J	0,0045
Petro-Garças	0,1745		Jatobá	0,0040
Saara	0,1652		Gasforte	0,0040
S P	0,1633		G P	0,0032
Zema	0,1542		Ubinam	0,0030
Global	0,1532		Transo	0,0027
Buffalo	0,1503		Petroamazon	0,0023
Fórmula	0,1440		Unip	0,0021
Sabba	0,1297		Premium	0,0021
Idaza	0,1271		Equatorial	0,0017

Fonte: ANP

SUGESTÕES E PROPOSTAS PARA O DESENVOLVIMENTO DO PROGRAMA DO ETANOL

Além da proposta sugerida por este trabalho em focar, de maneira especial, na revogação das Portarias e Resoluções da ANP, cuja incorporação do espírito do Decreto n° 82.462, da época ainda do presidente Ernesto Geisel, define a comercialização do etanol diretamente às distribuidoras de derivados de petróleo, também é relevante incorporar várias sugestões e propostas de quem muito especialmente vem contribuindo de forma efetiva para a melhoria e avanço tecnológico na produção de etanol no Brasil. É o caso, por exemplo, do grupo Dedini.

O grupo empresarial Dedini sugere, em trabalho publicado e exposto em Seminário promovido pelo BNDES,[6] várias alternativas importantes de política e incentivos governamentais que alavancariam não só a produção de etanol como também impulsionariam extraordinariamente o desenvolvimento econômico, ampliando o

---

6 Seminário BNDES, agosto de 2003.

FERNANDO NETTO SAFATLE

mercado interno, com todas as benéficas consequências que as medidas estruturantes podem provocar na economia brasileira.

É interessante pontuar essas sugestões porque fogem do esquadro das políticas que comumente, nos últimos anos, as autoridades governamentais vêm recorrendo com frequência. Buscar soluções para o desenvolvimento econômico brasileiro no arsenal de políticas que mexem com os componentes estruturais da economia, está um pouco fora de moda, visto que não faz parte da ortodoxia dos dias de hoje. Precisamos voltar a repensar a economia em termos reais e não apenas nos seus aspectos contábeis e monetários.

As sugestões feitas na íntegra são as seguintes:

Sugestões:Governo/Instituições/Associações/bndes/Petrobras

Incentivar o desenvolvimento de motores pesados (caminhões/ônibus) a etanol

Aperfeiçoar os incentivos para os veículos a etanol e bicombustíveis (flex-fuel)

Incentivar a indústria automobilística no desenvolvimento e lançamento comercial da nova geração de veículos bicombustíveis que otimizem o rendimento térmico e global, como exemplo, utilizando sistema de sobre alimentação de ar tipo compressor acionado por turbina ou correia.

Apoiar, incentivar e criar mecanismos para promover o uso de biocombustíveis e suas misturas.

A ECONOMIA POLÍTICA DO ETANOL

Etanol/Gasolina	Etanol/Estabilizante/Diesel	Biodiesel/Diesel
São todos redutores de emissões de gee-gás de efeito estufa, em diferentes níveis, de acordo com a sua origem e a rota tecnológica de produção.		
E 100 (etanol)	B 100 (biodiesel)	

DESTAQUE: ETANOL DA CANA-DE-AÇÚCAR TEM
CONTRIBUIÇÕES MAIORES QUE O ETANOL DO MILHO
PARA A REDUÇÃO DOS GEE.

Apoiar e criar mecanismos que possibilitem desenvolver e viabilizar a rota tecnológica etílica para a produção e uso de misturas biodiesel/diesel em âmbito nacional, e também para a exportação do biodiesel, que substitui com vantagem, no que se refere aos gee, a rota metílica já desenvolvida e utilizada em outros países.

Apoiar o desenvolvimento da tecnologia de célula de combustível, com reformador embarcado utilizando etanol como fonte de h², e criar condições para o uso comercial disseminado dessa tecnologia.

DESTAQUE: O ETANOL, SENDO RENOVÁVEL E DERIVADO DE
BIOMASSA, TERÁ BALANÇO DE GEE MAIS FAVORÁVEL QUE O
METANOL DE ORIGEM FÓSSIL.

Apoiar e incentivar as exportações de veículos a etanol e bi-combustíveis, gerando demanda de etanol no país importador.

Apoiar e incentivar a exportação de biocombustíveis e suas misturas (etanol, estabilizante, biodiesel), obtidos por rota

FERNANDO NETTO SAFATLE

tecnológica etílica, gerando necessidade de aumento da produção de etanol no brasil, para uso no processo.

Apoiar e incentivar a exportação de veículos a célula de combustível usando etanol como fonte de h^2, gerando demanda de etanol no país importador.

Reinstalar instituições e organismos condutores do tema ambiental junto ao governo

Redefinir e agilizar a atuação da câmara interministerial de mudança global do clima.

Acelerar a definição de regulamentos internos que formam o embasamento legal relacionado à nossa participação na convenção das partes.

Criar mecanismos que facilitem e beneficiem projetos no âmbito do mdl.

Elaborar relatório de sustentabilidade para a agroindústria canavieira através de empresa internacional qualificada.

Adicionalmente, reforçar a necessidade, apoiar e incentivar a elaboração de relatórios individuais para as usinas exportadoras de etanol.

Criar mecanismos para promover a exportação de etanol através de programas bilaterais de governo, entre o Brasil e os países com programa de redução de emissões, principalmente os países constantes do anexo i do Protocolo de Kyoto.

Isolada ou complementarmente às sugestões anteriores, criar mecanismos para implantar novas usinas de etanol, ou expansão das atuais, baseados em contratos de exportação de longo prazo, com recursos financeiros provenientes do país importador, ou de organismos internacionais.

A ECONOMIA POLÍTICA DO ETANOL

Adicionalmente, as usinas fornecem excedente de eletricidade à rede, substituindo a geração elétrica baseada em usinas térmicas com combustível fóssil, gerando reduções certificadas de emissões, a serem vendidas ou fornecidas por contrato de longo prazo a países do anexo I, através do mdl-mecanismo de desenvolvimento limpo.

Criar linhas de financiamento para exportação de usinas de etanol "turn key"

As usinas de etanol, ou a ampliação de usinas de açúcar com destilarias anexas, são necessariamente implantadas com forte parcela de gastos locais (obras civis, fabricações complementares locais, montagem, atividades agrícolas), a par dos equipamentos, instalações, serviços e tecnologia, que podem ser exportados do brasil.

No momento, não há financiamento brasileiro para esses gastos locais, e alguns países financiam 100% da usina, o que desfavorece ou desqualifica as nossas indústrias/empreiteiras.

O objetivo é criar linhas de financiamento para a implantação de usinas de etanol no exterior, dentro de critérios que beneficiem os interesses nacionais.

Desenvolver e ampliar mecanismos de garantia, através de acordos bilaterais (tipo ccr-convênio de créditos recíprocos) e de seguros, que cubram os riscos inerentes ao fornecimento e ao crédito do comprador externo.

Relançar o "proinfa" adequado à nova solução institucional do setor elétrico.

Criar linhas de financiamento mais favorecidas para os projetos que apresentem maior rendimento energético.

Criar linhas específicas para projetos de cogeração, inclusive plantas "turn key", com maior agilidade de tramitação do projeto no processo do financiamento e condições de financiamento e garantia adequada ao tipo de negócio.

Elaborar relatório de sustentabilidade para a cogeração do setor sucroalcooleiro, e apoiar a elaboração de relatórios individuais para cada usina cogeradora, criando as condições mínimas para o comércio das reduções certificadas de emissões.

Criar mecanismos que facilitem e beneficiem projetos no âmbito do mdl e que facilitem a comercialização de créditos de carbono.

Criar linhas de financiamento mais favorecidas para projetos pioneiros, e para projetos que apresentem maior produtividade, rendimento e eficiência.

Criar linhas específicas para análise, aprovação e financiamento de projetos de usinas de etanol, inclusive plantas "turn key", mais ágeis e utilizando garantias mais adequada a esse tipo de projeto.

Crias mecanismo especiais de garantias tipo – apa – alcohol purchase agreement, – cpa – carbon purchase agreement, ou com securitização de contratos de longo prazo para fornecimento de etanol e de redução certificada de emissões.

É claro que a contribuição sugerida pela Dedine é feita à luz do atual modelo de produção sustentado nas grandes usinas, com todos os problemas decorrentes e distorções que já levantamos nos capítulos anteriores. No entanto, não tiram o mérito das propostas e dessas importantes sugestões que implicam em ampliar a produção de etanol no país visando o abastecimento do mercado interno e externo. As mudanças significativas no perfil da economia brasileira, propugnadas pela incorporação no processo de produção do assentado da reforma agrária, pequeno e médio produtor através das microdestilarias não são objetos de suas sugestões.

Referências bibliográficas

Abramovay, Ricardo (Organizador)– *Biocombustíveis – A energia da controversia* –Editora Senac-São Paulo.

Brasil (2006) – *Balanço Energético Nacional 2006* : Ano Base 2005, Ministério das Minas e Energia/Empresa de Pesquisa Energética, Rio de Janeiro.

Brasil (2007) – *Balanço Nacional da Cana-de-Açúcar e Agroenergia 2007*. Ministério da Agricultura, Pecuária e Abastecimento, Brasília.

Brasil. *Zoneamento Agroecológico da cana-de-açúcar*/organização Celso Vainer Manzatto-Embrapa Solos, 2009.

FERNANDO NETTO SAFATLE

BERTOLI, Daniel Gonçalves – Tese de doutorado na Universidade de São Carlos-2005- *Mar de cana, deserto verde? Dilemas do desenvolvimento sustentável na produção canavieira.*

BELLUZO, L. G., COUTINHO, L. (org.). *Desenvolvimento capitalista no Brasil* – Ensaios sobre a crise. São Paulo: Brasiliense, 1982. BNDES – Seminário sobre o etanol- 2003.

CALABI, A., et.alli. (1983) – *"A Energia e a Economia Brasileira: Interações Econômicas e Institucionais no Desenvolvimento do Setor Energético no Brasil"*, FIPE-USP/Pioneira, São Paulo.

ENGLE,R. e GRANGER, C. ed. (1991) – *"Long-Run Economic Relationships : Readings in Cointegration"*, Oxford University Press, Oxford.

ESTENSSORO, L. *Capitalismo, desigualdade e pobreza na América Latina-2003.* Tese de doutorado na Faculdade de Filosofia-USP.

EHLERS, E. *Agricultura sustentável: origens e perspectivas de um novo paradigma.* Guaíba: Agropecuaaria-1999.

FURTADO, Celso. *Raízes do subdesenvolvimento.* Rio de Janeiro: Civilização Brasileira, 2003.

Folha de São Paulo – 07/02/2007- *País precisa de mais cem novas usinas de etanol até 2010.*

IPEA/PNUD (2007) – *"Combustível com Futuro"* Revista Desafios do Desenvolvimento, nº 33, abril.

GONÇALVES, Carlos Walter Porto. *A globalização da natureza e a natureza da globalização.*

GUIMARÃES, Marcelo. *Caros Amigos,* ano V, n° 71 (fev. 2003). *Minas a salvação da lavoura.*

JEAN-MARIE Hambery – Le Monde Diplomatique-julho de 2004- *Desenvolvimento não rima necessariamente com crescimento.*

JORNAL VALOR ECONÔMICO – 10 de abril de 2007-*China amplia uso de carvão e pode se tornar maior poluidor.*

MARTINES-FILHO et.alli, (2006) – *"Bioenergy and the Rise of Sugarcane-Based Ethanol in Brazil".* Choices, 21(2), 2ⁿᵈ Quarter.p.91-96.

MELO E FONSECA (1981) – *"Proetanol, Energia e Transportes".* FIPE-USP/Pioneira, São Paulo.

NAKICENOVIC, N., GRUBLER, A. e MCDONALD, A. (1998) – *Global Energy Perspectives,* Cambridge University Press, Cambridge.

RELATÓRIO FINAL-CPI. *Os postos de combustíveis no DF-Câmara Distrital.*2005.

SACHS, Ignacy. *Adiante,* revista da Fundação Getúlio Vargas, n° 0 (dez. 2005).

SAFATLE, Fernando. *Diário da Manhã,* 25 jan. 2006. *Etanol pode ser mais barato (entrevista).*

FERNANDO NETTO SAFATLE

_____. *Diário da Manhã*, 20 jul. 2003. *Geração de até 40 mil novos empregos* (entrevista).

_____. Adiante, revista da Fundação Getúlio Vargas, n° 1 (jan. 2006). *Uma proposta para descentralizar o programa do etanol.*

_____. Jornal de Brasília, 29 ago. 2003. *Perspectivas com o Gol Flex.*

SARKIS, Nicolas. *Bem vindos ao fim da era do petróleo.* Le Monde Diplomatique, maio 2006.

SWEEZZY, Paul. *Teoria do desenvolvimento capitalista.* São Paulo: Abril Cultural, 1983.

SERODIO, E. (2006) – *Visão Estratégica do Mercado Internacional* in www. portalunica.com.br/portalunica/?Secao=referência&SubSecao=o pinião&SubSubSecao=artigos&id=

SLESSER, M (1977) – *"Energy in the Economy"*, The Macmillan Press, Hong Kong.

VIDAL, Bautista – Entrevista para a revista *Caros Amigos* – Ano 1997.

_____. Entrevista.

_____. *De Estado Servil a Nação Soberana-Civilização Solidária dos Trópicos*, Editora Vozes.

_____. *Soberania e Dignidade, Raízes da Sobrevivência* – Editora Vozes.

A ECONOMIA POLÍTICA DO ETANOL

_____. *O Esfacelamento da Nação*- Editora Vozes.

_____. *A Reconquista do Brasil*- Editora Espaço e Tempo.

_____. *Poder dos Trópicos*- Editora Casa Amarela.

Yergin, Daniel. *O Petróleo*. Editora Paz e Terra.

Esta obra foi impressa em Santa Catarina pela Nova Letra Gráfica & Editora no outono de 2011. No texto foi utilizada a fonte Palatino Linotype, em corpo 10,5 e entrelinha de 17 pontos.